やっかいな子どもや大人との接し方マニュアル

宮田雄吾
Miyata Yugo

日本評論社

はじめに

私は児童思春期入院ユニットを有している精神科病院や被虐待児童が数多く入所している児童心理治療施設（情緒障害児短期治療施設）で勤務する中で、子どもの治療に長年あたっています。

彼らは暴力・器物破損・自傷・自殺企図・性的逸脱などの問題行動を頻繁に繰り返したあげくに私の前に連れてこられます。しかし、彼らの大半は自ら望んでやってきたわけではありません。困り果てた周囲の大人のなかば脅しのような説得や、しつこい懇願によってしぶしぶ現れるのです。本来、医療というものは、医師から患者が十分に説明を受け、納得し、治療契約を結んだうえで開始されるものなのですが、初めて出会った時の彼らは治療契約を結ぶ気などさらさらなく、目の前の私のことをこれっぽっちも信じていません。

しかも彼らの中には「知的に低く」「神経発達症（発達障害）を合併」している者も少なくありません。ですから、問題行動を起こした後に「そんなことをした理由を教えてほしい」と尋ねても、それを上手に説明できる子どもはほとんどいません。子どもによっては、そもそも「理由」という単語の意味すら知らない者もいます。当然、言葉を用いて治療契約を結ぶことは容易ではありません。

そんな彼らに対応する際には、本来の医療の枠組みに固執してもうまくいきません。治療に非協力的な彼らをなだめすかしたり、持ち上げたり、渡り合ったりしながら、少しずつ治療に前向きに取り組んでもらえるように促していく必要があります。その中ではもっと普遍的な「人として彼らに向かい合う姿勢」が問われます。「日常的な悩み相談にどう乗るか」はもちろんのこと、次々と問題を引き起こしたあげく、ふてくされながら目の前に現れる彼らを「どう叱るか」が大切なことすらあるのです。

ちなみに、医学書には子どもの叱り方などは書いてありません。ですから医師である私にとって、この作業はまさに試行錯誤の繰り返しです。

しかしよく考えてみれば、精神医療が対象とする子どもでなくとも、思春期の子どもは、大人にとってはおおいに〝やっかい〟な存在です。私の感じた困難さは、思春期の子どもをもつ親であれば、程度の差はあれ、感じているはずです。また、大勢の子どもと関わる教師や児童福祉施設職員なども似たような苦労を抱えていることでしょう。

そこで、本書ではこのような子どもへの対応方法について述べようと思います。

ちなみに対応方法とはいっても、本書には子どもに関する深い見識や洞察力をもち、長年にわたる専門的なトレーニングを積んだ「達人」や「名医」などしかたどりつけない「奥義秘伝」は書いてありません。そうではなく、教師や児童福祉施設職員、そして専門的トレーニングなど受けていない親にとってもわかりやすく、現場ですぐに使える「実用書」になるように心がけました。

そして、それが心のどこかでは「今の生きづらさをなんとかしたい」と切望しながらも、それを素直に表現できず苦しんでいる思春期の子どもたちへの支援のヒントになればと思います。

さらに、子どもの対応をする際には、その子どもに関わっている学校や行政機関、さらに親などの「周囲の大人」との関わりに苦労することは少なくありません。子どものことはそっちのけで周囲の大人同士が不毛なケンカに陥ることもあるでしょうし、「クレーマー」といわれるような相手から理不尽な要求を受けてトラブルに巻き込まれる人もいるかもしれません。

そこで本書の後半は、そんなやっかいな大人にどう対応するかを述べます。

モンスターペアレントといわれるような保護者対応に悩まされている教師や援助職、さらに保護者同士の付き合いでのトラブルに巻き込まれた親にとっても具体的な情報が得られると思います。

なお、本書にはいくつか具体的なエピソードが描かれています。これらは、私の臨床体験をもとにしていますが、個人情報に配慮して個人が特定できないように一部改変しています。

やっかいな子どもや大人との接し方マニュアル　目次

第1部 思春期の子どもに信用されるために 11

第1章 思春期の子どもって？ 12

1 いつまでが思春期？ 13

2 思春期の子どもが思い悩むこと 15

3 惨めな自分を守るための五つのパターン 23

4 思春期の子どもと関わる際の大原則 29

第2章 子どもから「人として」信用されるために大切なこと 34

1 信用してもらうための五つのポイント 36

2 「信用できない」というテスト 47

第3章 子どもの相談の乗り方 50

1 自分の気持ちに気をつける 51

2 まずは訴えをじっと聴く 52
3 聴いていて理解できないところは尋ねる 53
4 問題を整理し、子どものニーズを明確化する 54
5 安直な言葉かけは行わない 55
6 「理解したい」「支えたい」を伝える 60
7 感情は肯定する 60
8 「解決策」「選択肢」を考える 62
9 自分が援助できる範囲を見定める 64

第2部 やっかいな子どもにどう対応するか——子どもの褒め方・叱り方 67

第1章 話が通じにくい子どもの対応……68

1 なぜ話が通じないのだろう? 68
2 話の聴き方の工夫 75
3 指示の工夫 81

第2章 暴れる子どもの対応……93
1 暴れる子どものもつ背景 93
2 暴れる子どもに対応する際の留意点 95
3 暴れている場面での対応手順 102

第3章 子どもの褒め方……109
1 何のために子どもを褒めるのか？ 110
2 自己効力感を高める褒め方 113
3 自己肯定感を高める褒め方 117

第4章 子どもの叱り方……123
1 何のために子どもを叱るのか？ 125
2 叱る前に気をつけるべきこと 134

3 怒りが抑えられない際のしのぎ方 149
4 叱る際に知っておくといいこと 152
5 反発を招く罰の与え方 165
6 言うことを聞かないのはなぜか？ 170
7 少ない手間で効果が得られる叱り方 175

第3部 やっかいな大人にどう対応するか

189

第1章 いやな大人と接する時の心構え

190
1 「何もしてもらえなくて当たり前」から始める 191
2 「相手を変える」より「この相手と何をするか」 193
3 相手が受け入れるには「時間がかかって当たり前」 194
4 「理屈」より「情」に訴える 195
5 変化しない時は「言葉が足りなかった」と考える 196
6 依頼は具体的に 198

7　実行不能な正論は言わない　200
8　連絡の仕方には気を配る　202
9　動かない相手には「事情がある」と考え、批判に労力を費やさない　203

第2章　クレーマーへの対応……208

1　やりとりを始める前の準備　209
2　やりとりをする場面での振る舞い方　214

おわりに　225
主な引用・参考文献　229

第 1 部

思春期の子どもに信用されるために

第1章　思春期の子どもって？

『世界大百科事典（第2版）』によると、思春期は「青年期とほぼ同義で、児童期から成人期へと移行する中間の時期をいう」と定義づけられています。

この時期、彼らの肉体は子どもから大人へと急速に変貌を遂げます。男子の背はみるみると伸び、かわいらしかったボーイソプラノは急にオヤジ化します。女子の胸はふわりと膨らみ、生理も始まるでしょう。さらに急に異性への性的関心が高まり、恋愛感情をはっきり自覚し始める時期でもあります。

1　いつまでが思春期？

この思春期の始まりがおよそ一一～一二歳であることには誰も異論がないかと思いますが、思春期の終わりはいつ頃でしょうか。それを考える際には、思春期の身体面だけではなく、心理発達的な側面に目を向けなければなりません。

エリク・ホーンブルガー・エリクソンというアメリカの発達心理学者は、思春期の心理的課題を「同一性（アイデンティティ）」対「同一性の拡散」であると述べました。

なんともややこしい言い回しですが、これは簡単にいうと「自分がどう生きるかを決めていく」という意味です。〇〇対××という形をとっているのは、どう生きていくか決めきれないという負の自分の状況も否定せずに受け入れながら、その中で生き方を決めていくということを示しています。

この自分の生き方を決めるということをさらに具体的に考えていきましょう。まずは、

「どんな街に住むのか」

「結婚するのか」

「親になろうとするのか」

「どんな職業を選ぶのか」

という現実的なことを決めなければなりません。

さらに、自分が何に価値を置いて生きるのかということも決める必要があります。たとえば仕事に関していうならば、

「就職する時に給料と仕事の楽しさのどちらを優先するか」

「自分のペースで働けることと社会への貢献度の高さのどちらを優先するか」

「仕事と家庭のどちらを優先するか」

などを決めなければなりません。また、対人関係であれば、

「多くの友人と積極的に関わるか、自分の静かな時間を大切にするか」

などを決めなければならないでしょう。

思春期の彼らは思い悩み、ああでもないこうでもないと試行錯誤を重ね、さまざまな体験をする中で、自分の肌に合った生き方を決定していかなければなりません。そして、それを達成した時、彼らは思春期から次のステージへと踏み出すのです。

では、このことを踏まえて思春期の終わりはいつなのか考えてみましょう。

今日、日本では約二人に一人が大学に通います。一九九〇年頃は約四人に一人でしたから、進学率はほぼ倍です。その結果、就職する年齢は高くなりました。さらに、仕事内容も時代が

進むにつれ、ますます複雑化し、高度なスキルが必要とされるようになりました。一人前にはなかなかなれません。加えて晩婚化はますます進行し、平均初婚年齢は今や男女ともに約三〇歳となりました。当然ですが、親となる時期もますます後ろへずれ込んでいます。

つまり今日の日本において、自分の生き方を決定する、すなわちアイデンティティを確立する時期はどんどん後ろにずれ込んでいるのです。ですから、今日の日本において、個人差はあるものの、〝三〇歳はまだまだ思春期〟と考えていいのではないでしょうか。

そうとはいえ、さすがに本書では三〇歳までは想定せず、主に中高生を想定して書いています。

2　思春期の子どもが思い悩むこと

ここからは、思春期の子どもが同一性を確立していく過程において、思い悩みやすいことについて説明していきます。

(1) 自分はかけがえのない存在なのか？

思春期以前の子どもは、将来、自分は何にでもなれると夢想しています。だから小学校の学級文集にはそれはそれは輝かしい〝夢〟が溢れています。

「サッカー選手になりたい」

「東大に行きたい」

「アイドルになりたい」

なんとも華やかな職業ばかりです。

誰一人として、近所のスーパーで、時給七八〇円、一日四時間×週四日で働きたいとは書かないのです。

周囲の大人も「頑張れば夢は必ず叶う」と子どもを煽ります。「その子どもの能力と比較して大きすぎない夢であれば、頑張ることで夢が叶う確率が高まる」という正論はどこへやら、子どもたちも目をキラキラさせながら、夢は必ず叶うんだと錯覚するのです。

しかし思春期に入ると、次第に子どもも「おや、なんかおかしいぞ」と気づき始めます。サッカー部ではレギュラーさえも取れません。小学校時代はトップだった成績も、私立中学に入った途端に学級で一〇番内に入るのがやっとになりました。モテモテのアイドルになるつもりだったけど、友達のほうがどう考えてもモテているみたいです。

そういう体験を重ねる中で、自分を支えていた万能感はグラグラと揺らぎます。もはや自分は何者にもなれないのではないかという不安と絶望が彼らを包み込みます。

そんな彼らを支えるのは、生まれてから今までの間、大切な存在としてかわいがってもらった体験に裏打ちされた、自分自身の存在に対するそこはかとない自信です（これは第2部で「自己肯定感」として取り上げます）。その自信は常に揺らぎながらも、なんとか彼らを現在に繋ぎ止め、未来へと導く糸となります。そうしてやがて「自分はたかが知れているかもしれないが、そう捨てたものでもない」として、自分なりの生き方を見出していくのです。

(2) 自分は社会から受け入れられるのか？

さらに彼らは「自分が本当に社会に受け入れられるのか」がとても気になり始めます。今までは親や大人が「大丈夫」と言ってくれれば、素直に信じることができて、なんだかホッとしたものです。しかし、もはや彼らは、親や大人がいくら大丈夫と保証しても、それだけでは安心できません。彼らにとっては友人や仲間との集団の価値観こそが絶対だからです。

その集団の価値観はしばしば大人の視点で捉えると未熟で、時には不適切なことさえありす。しかし「自分が社会に受け入れられるか」というテーマを追い求める彼らは、その集団の価値観から逸脱して、仲間の白い目にさらされることには耐えられません。どんなに息苦しい関係であっても、孤立を避けて、仲間との関係を維持しようと必死で取り組むのです。

だから、いじめられた子どもに「そんな不当なことをする奴らなら、こっちからオサラバしてやればいい」という正論を伝えても、なかなか受け入れられません。「オサラバしろ」と伝える大人側の価値観よりも、その集団の価値観がその子どもにとって優勢だからです。もしいじめられた子どもを今の集団から切り離すのであれば、できるだけ早く、その子どもを受け入れる別の同世代集団に繋ぐことを考えたほうがいいでしょう。それは「自分は社会の中で受け入れられなかった」と傷ついた子どもに、「自分の居場所はちゃんとあるんだ」と実感してもらうためです。

ちなみに、不登校になった子どもと話をしていると、彼らは「自分は社会全体から受け入れられない存在なのだ」と誤解しているように思います。実は大人の目で見ると、学校はかなり特殊な価値観をもつ、特殊な環境です。そこには競争・協調・妥協することが求められるがゆえに、付き合うには難易度の高い同世代ばかりが、わんさか集まっています。いざという時にとりなしてくれる物のわかった年配者も、ちょっと威張れる部下もいません。進学校ともなれば休日も睡眠もすべて削った生活。ゲームも女も酒ももちろんご法度。大切なのはとにかく勉強。どんなに手先が器用でも、イラストが抜群にうまくても、そんなことは一切価値がないこととされます。

しかし、一般社会は学校に比べると本当ははるかに間口が広いのです。だからこそ学校に行けなくなった彼らに対して、「あなたを受け入れてくれる場所が存在する可能性は決して低くないよ」と伝えたいのです。これは気休めでも何でもなく、まったくの事実なのですから。

(3) 自分は自立できるのか？

思春期を迎えた子どもは、今までと打って変わって、親に対してそっけない態度をとるようになります。

今までは「遊びに連れていって」と休みのたびに母親にまとわりついていた息子。思春期に入った途端、「買い物に行こう」と誘っても「行かない、勝手に行ってくれば」とゲームの手も休めずに、うわの空で答えます。「そう言わずにさ」と媚びた声音で粘っても「うるさい、行かないって言ってるだろ」とムッとされて、終了。デート相手&買い物の荷物持ちを失った母親は当てが外れて、なんだか寂しくなります。

ところがそんな息子が、夜になると平気で「あのさ、明日の朝は起こしてね」と頼んでくるのです。「私の誘いは断ったくせに、なんて都合のいい」と腹が立ち、「自分で目覚ましかけて起きれば！」とついつい毒づいてしまいます。すると息子は、自分でお願いしておきながら決して下手に出ることなどなく、「いいからちゃんと起こしてよ！」と吐き捨てて、不機嫌そうにバタンとドアを閉めるのです。たしか昼間は「母親なんて必要ない」という態度をとったはずず。それが「朝起こして」なんて、まるで図体ばかりがでかい赤ちゃん。同一人物とは到底思えません。

しかし、この自立と依存の両極端を行ったり来たりする姿こそ、まさに思春期なのです。以前のように何でも親に頼るのではなく、自分の力だけで生き抜いてみたい――そんな想いから彼らは親の関与を拒みます。

しかし、自らの力だけで社会の荒波を乗り越えていく自信は確立できていません。まだまだ知らないことやわからないことだらけで、一人では心細いのです。その心細さは、仲間と集団を形成することによって、ある程度軽減できます。しかし、それだけですべての不安が解消しきれるものではありません。

だからこそ、彼らは「自分一人でやる」と言ったその口で、親に「手伝って」と甘えるのです。

ただし、親の影響力を断ち切って自立したいという想いに溢れている彼らは、甘える時も素直には甘えません。彼らは〝えらそうに〟甘えます。そして、あまりにも強大な親の影響力に飲み込まれないために、なりふり構わない乱暴な言葉と不機嫌な態度で自らの立場を守るのです。加えていうと、親に戦いを挑んだ後ろめたさは彼らを不安にします。だからこそ彼らは、時々気まぐれに親に甘えて安心感を補給しようとするのです。

⑷ 何が大切なのか?

彼らはまた、新奇な事柄に出会うたびに、熱中し、没頭します。そして、その熱中を友人と共有しようとします。仲間集団の評価に敏感な彼らにとって、自分が熱中しているものが仲間に受け入れられるかどうかは大きな関心事です。だからもし自分では密かにいいと思ったものであっても、仲間の共感が得られなければ、その関心は急速に薄らぎます。

今日、さまざまなSNS(ソーシャル・ネットワーキング・サービス)が提供されていますが、誰よりも先に飛びついたのは若者です。彼らはSNSの中に仲間を求め、SNS自体が大きな仲間集団と化しています。

さらに「大人の価値観から自立したい」という心性も相まって、新しい価値観に集団で飛びつき、新たな流行を生み出すのも彼らです。しかしそれを「いいね!」と言っていた人全員が心からそれを「いいね!」と感じているとは限りません。仲間集団の価値観に、実は違和感を抱きつつも、「いいね!」と思い込もうとしていた子どもも少なからずいるからです。だからこそ次第に「こっちのほうがいい」とか「もう飽きた」などといった発言とともに、別の価値観を探し求める動きが活発となっていき、流行は移り変わります。

思春期の子どもは大人と比較して熱しやすく冷めやすいのが特徴です。そんな彼らは「熱くなれる」という若者の強みを活用して、社会に溢れている事柄や価値観を次々と取り入れては、自分の肌に合うものを少しずつ取捨選択していくのです。

(5) 親はどんな人間なのか?

自立を模索している彼らは、しばしば親を批判します。単なる揚げ足取りから、的確な批判までレベルはさまざまです。

しかし彼らの話を聴いていると、親の批判をしつつも、実は親に現実離れした期待を寄せていることがわかります。

「常に正しくあってほしい」

「常に全力で物事にあたってほしい」

「常に子どもである自分を全面的に受け入れてほしい」

「一切の嘘をつかない存在であってほしい」

彼らの期待しているのは〝完璧な親〟です。

ところが残念なことに、現実の親はたかが知れています。すぐ手を抜いて楽をしようとするし、言うことは結構矛盾しているし、嫌いな相手とでも談笑するし……。

「今日できることは今日のうちにしなさい」と言いながら「疲れたから夕食の片づけは明日しよう」という態度が、現実を生き延びる知恵であることを大人はよく知っていますが、思春期の子どもからみると、なんともいい加減に思えてならないでしょう。

そんな中で、大なり小なり子どもは親に幻滅します。極端に針が振れやすい思春期特性も相まって、〇点の親に思えてきます。しかし親は現実には社会の中をしたたかに生き抜いているのです。まあ五一点くらいでなんとかやっているといえるでしょう。この親の一〇〇点ではなく五一点の姿を素直に受け入れられるようになることも、思春期の大切な課題です。

さらに彼らは親に、自分が探し当てたよりよいと思う価値観を受け入れてほしいとも要求します。しかし親は、そう易々とその付け焼き刃な価値観を受け入れたりはしません。「なんでわかってくれないんだ」と子どもは歯噛みし、頭の固い親に腹を立てます。

しかし、親が自分と何もかも同じ価値観を共有してくれるなどというのは傲慢な幻想に過ぎないのです。思春期を通り抜けるためにはその幻想から醒め、親を「自分と違う存在である」と認識できるようになることが必要なのです。

3　惨めな自分を守るための五つのパターン

先に述べたように、思春期に入ると、万能感に溢れた子ども時代の錯覚はやがて醒めて、「自分はたかが知れている」とつくづく実感させられる場面が訪れます。サッカー選手にもなれそうにないし、東大など夢もまた夢……。本来であれば、その現実を潔くとはいかないまでも、渋々受け入れ、自分のもっている才能や状況などを見極めながら、謙虚に夢の落としどころを探るしかないわけです。

しかし困ったことに、幼い頃に抱いた万能感をどうしても手放すことができない子どもは結構います。自分はたかが知れていることを認めたくなんかない、というわけです。

そして彼らは現実の惨めさを感じないように、自分の心をさまざまな方法で守ります。その方法には五つのパターンがあります。

(1) 理想的な自分を思い描く

テストの成績が伸びない時に「俺は本当はやればできる」と言い訳する子どもに時々出会います。「やればできるならやってごらんよ」とニマリと笑ってけしかけても、彼らは決して勉強し始めません。冷静に考えれば、日頃からきちんと勉強している友人にそう簡単に追いつけるはずはありませんし、そもそも勉強を続ける根気が不足している可能性も濃厚です。もし彼らが勉強したら「やればできる子」という仮面ははがれ、「やってもそこそこな子」となってしまうことでしょう。そこが直感的にわかっているがゆえに、彼らは決して頑張ることなく、永遠の「やればできる子」で居続けるのです。

また、ある摂食障害の若い女性は面接で私にこう語りました。

「長年、拒食して、自分の体重と食事のことばかり考えてきたけど、治るのが怖い。だって治ったら、これからどう生きるかを考えないといけないでしょ」

彼女はこの数年間、ガリガリに痩せた体型を追い求めてきました。痩せた自分こそが理想的な自分と定めて、食事や体重のことだけにすべてを捧げてきたのです。

拒食にはまっている間は、親しい友人がいないことや、学校を途中で辞めてしまったこと、そんな惨めな自分のことなどは考えずに済んだのです。しかし、いざ回復して現実に向かい合うとなった時、理想的な自分などどこにもおらず、そこには小学校の頃は考えもしなかった理想とはほど遠い自分がいることを改めて実感したのです。

やはり現実離れした理想の自分ばかり思い浮かべていてはいけないといえるでしょう。

(2) いつまでも現実的な選択を避ける

今日、晩婚化はますます進行しています。

結婚はいつかしたいけど、「今はもう少し独身を謳歌したい」「もう少し仕事したい」「もっといい人が現れるかもしれない」という人も少なくないでしょう。

しかし、いつまでも結婚を先延ばししていると、若さも衰えて、次第にイイ男・イイ女も身の回りからいなくなる。現実は得てしてそんなものでしょう。

さらに「もっと自分を表現できる仕事が他にある」と転職を繰り返し続ければ、だんだん給料も悪くなって、しまいには「とにかく雇ってくれればどこだっていいです」という立場に追い込まれることもあるでしょう。

やはり現実的な事柄はどこかで「これ！」と決めなければならないのです。そして、決めたからにはその選択が正解になるように努力を重ねるべきなのです。

(3) 周囲の意見や価値を切り下げる

不登校になった子どもの中には、カウンセラーに相談することを拒む者が少なくありません。拒む際に彼らはよく、「相談しても無駄」と言います。

もちろん相談したからといって、瞬時に悩みが雲散霧消するわけでもないのは確かです。そんなことは無理に決まっています。回復は一歩一歩なのですから。ただし、じっと自宅に閉じこもって何の手立てもなく過ごすよりは相談したほうが少しはマシかもしれないと考えてもいいはずです。

さらに、不登校は精神疾患や神経発達症（発達障害）を背景に有する場合があります。だから、本来、一度は精神科等で診察を受けたほうがいいのです。しかし彼らはしばしば受診を拒み、「俺は病気じゃない」と主張します。

そもそも精神医学に精通していれば別ですが、本人に病気の有無を冷静に判断できるかは怪しいものです。病気でないと思うなら、受診した先で精神科医に「精神疾患はないと自分では考えていますが、どうですか、判断をお聞かせください」と尋ねればいいではありませんか。

本当は彼らもこれらの理屈はわかっています。それなのに受診しないのは「自分に病気があったり、弱い内面を明るみにさらけ出されたりしたらどうしよう」という怯えがあるからなのです。

このように、周囲のアドバイスに従わず、その価値を切り下げることで、自らの万能感を守るというのもよくみられるパターンです。

(4) 生産的な活動をせず、他人を避ける

たかが知れている自分を実感せずに済むように、対人交流を避けてじっと自分の部屋にひきこもるのもよくあるパターンです。長年ひきこもった者の中には、万能感を再確認したくて、母親に無理難題を吹っかけて暴君として振る舞う者も現れます。

ゲームやＳＮＳへ没頭する者も少なくありません。その仮想現実の中では、彼らは卑小な自分を暴かれることなく、万能な存在として振る舞うことができるでしょう。

(5) 反社会的な行動に出る

自分がなりたい自分になれそうにないことを薄々感じ取ったあたりから、反動的に非行に走ったり、暴れたり、自傷したりする子どもも現れます。やってはいけないことを次々重ねて、道に迷ってもがいている感が、大人からみるとなんとも痛々しい。でも、本人はそうやって自分がなりたかった〝第一希望の自分〟になれない悲しさを紛らわしているのです。

ここまで、子どもが自分の心を守るために用いがちな五つの方法を述べてきました。これはあまりいい方法でありません。でも、実は健康な子どもであっても、多かれ少なかれこれらの方法を用います。まったく用いずに彼らが万能感の傷つきを乗り越えることは不可能ではないでしょうか。それほどまでに彼らの乗り越えなければならないハードルは高いのです。

そうかといって、もちろんずっと五つの方法だけを続けていていいわけではありません。どこかのタイミングで自分の能力の限界を悲しみながらも受け止めて、新たに目標を定めて歩き出さなければならないのです。そしてその歩みの中で、たかが知れているけれど、そう捨てたものでもない自分、すなわち〝等身大の自分〟を見出していくのです。

思春期の子どもには、希望をもって頑張ることの大切さばかりが語られがちです。しかし真に大切なのは「あきらめて受け入れること」と「希望をもつこと」のバランスなのだと思います。

さらにいうと、子どもが〝等身大の自分〟を受け入れられるようになるためには、子どもの目の前にいる大人が「たかが知れているなりに、そこそこ楽しそうに生きている」という姿を見せ続けることが、いい手本になることも知っておいてほしいと思います。

4　思春期の子どもと関わる際の大原則

今まで述べてきた思春期の子どもの特徴を踏まえて、彼らと関わる際に気をつけるべき最も基本的なポイントを四点挙げようと思います。問題行動がすでに出現している子どもの場合は、もう少し用心しなければならないこともありますが、健康度の高い子どもであれば、この四点さえ間違えなければまず大丈夫です。

(1)　近寄ってきたら相手をし、離れたら手を出さない

先に述べたように、親からの独立を模索している思春期の子どもは、自立と依存との間を絶えず行ったり来たりしています。日頃は親に口を出されたくない、でもキツイ時は甘えたい、というわけです。

ですから親のほうもそれに合わせて、子どもが親から離れようとしている時は口を出しすぎずに独立のための試行錯誤を静かに見守り、子どもから親に甘えてきた時は安心を補給するために相手をすればいいのです。

しかし実際はどうでしょう。子どもが甘えてくると、過保護はダメ、自立させなきゃと突き放す。さらに子どもが親から離れて何かしていると、つい口を出す。そういう真逆の対応になっていないでしょうか。気をつけましょう。

(2)「子どもに負けたくない」に注意する

子どもが親を乗り越えようと苦闘を繰り広げているその横で、親も一つの課題に直面します。それは、今まで自分の庇護下にいた子どもが自分に肩を並べ、追い抜こうとしてくることを受け入れるという課題です。追い抜こうとする子どもも大変でしょうが、追い抜かれるのを受け入れるのもなかなか難しいことです。ついつい大人は「負けるものか」という気分になります。そして子どもと張り合ったり、頭ごなしに怒鳴りつけたりします。時には、できるはずもない正論を突きつけて言い負かしてみたいという衝動に駆られます。また、自分の落ち度は棚上げしたまま、子どもの落ち度ばかりをあげつらいたくなります。場合によっては「人生そんなに甘くないんだぞ」と、経験不足の子どもには反論しようがないことを言って、自分が上であることを誇示したくなることもあるでしょう。

悪気のない言葉の中にも、子どもがすごくいやな気持ちになる言い方があります。

一つ目は「親にとって子どもはいつまで経っても子どもなんだから」という言い方。子どもにしてみれば、「だからといって、いつまでも言うことを素直に聞く年少児扱いされるのはたまらない」「恩着せがましい」「親不孝扱いするな」という気になります。ちなみに、そう思わせないためには「わが子としていつも大切に思っている」と言えばいいのではないでしょうか。

二つ目は「あなたは本当は優しい子なの、お母さんは知ってるわよ」という言い方。子どもは「俺にもいろんな側面があるんだ、決めつけるな」「何でもわかるみたいに言うな」「そうやって懐柔しようとしているんだな」と感じることでしょう。

このように「負けるものか」という気持ちには気をつけなければならないのですが、実は大人が本気で子どもに勝とうとすれば、それはとても簡単なことです。負けるのは体力とお肌の張りぐらいで、その他は権力も経済力も経験もすべて大人が上。だからこそ、大人は子どもをやり込めすぎずに、多少子どもに花をもたせるくらいの姿勢で向かい合ったほうがいいでしょう。

(3) 「知らないことへの不安」に気をつける

よく知らないことや、経験したことがないことに子どもが夢中になっていると、親は大変不安になります。そしてその不安を打ち消すために、それがどういうものなのかよくわからないまま、子どもを叱りがちです。

よく目の敵にされるのは、今も昔も大人自身が遊んだことのない〝遊び道具〟です。現代では、スマホやＬＩＮＥ（ライン）がしばしばやり玉にあがります。これは、昔、ビートルズや漫画が子どもの教育上よくないと敵視されたのと同じ現象です。実際にはＬＩＮＥの使い方すらよくわかっていない大人が「よくない」と決めつけて根拠のない指導を行っていることは少なくありません。子どもにしてみれば、それが何かすら知らない人から叱られたって納得できるはずなどないでしょう。

もし大人が知らないがゆえに不安になっているならば、それに詳しい子どもに「どういうものか教えてほしい」と率直に教えを乞い、きちんと理解しようという姿勢を見せることが望ましい態度といえるでしょう。

(4) 大人の価値観は命令ではなく、参考として伝える

子どもがどう生きていくか決めていくにあたって、自分だけで考えてもどうしたらいいかわ

からないことは山ほどあります。そんな時に子どもは「ねえ、お母さん、どう思う?」と大人がどんな価値観をもっているのか、何気ない会話の中で探ります。

大人は先に生きているので、子どもが気づかない視点をもっていることも多いのですが、その際に気をつけなければならないのは、「絶対○○」と断定しすぎないことです。ましてや「絶対に○○にしなさい」と命令しすぎてはいけません。もはや子どもは幼かった昔のように言われたことを鵜呑みにはしたくありません。やはりいろいろな人の意見を取り入れて、自分で正解を決めたいのです。だからこそ大人は「私は○○と思う。でもこれも一つの意見に過ぎないから、ぜひいろいろな人の意見も取り入れて、自分なりに判断してほしい」と伝えてほしいと思います。

第2章　子どもから「人として」信用されるために大切なこと

子どもは「目の前の大人が信用できるか」をその大人のまなざしや表情、口調などから生まれてくる〝雰囲気〟によって直感的に察知します。思春期にもなれば、大人への批評は峻烈を極め、一度信頼ならぬ奴だと思われれば、失地回復は可能ではあるものの、その道のりは長く困難なものとなります。

さらに、子どもとの信頼関係は一朝一夕にして形成できるものではありません。やはりともに過ごした〝時間の長さ〟、そしてその〝時間の豊かさ〟によって形成されていくのが実際のところでしょう。

精神科の初診に訪れた子どもに対して、親が「先生は何でもわかってくれるから、何でも話してごらん」などと声をかけるのを目にすることがあります。その横で子どもはたいていまったくシラけた表情を浮かべています。まさにドン引き。初めて会ったうさんくさそうなオッサンにわかってたまるか、とその顔には書いてあります。逆に、思春期精神医療に従事していると、子ども時代から一〇年以上の付き合いのある患者さんもいます。そうなると、あまり話はしなくてもなんとなくこちらの言いたいことは伝わっているように感じます。

このように信頼の形成には時間が必要なのです。

また、精神科医や看護師の場合、専門職としての知識や見識を十分に有していることや、熱意と誠実さをもって業務にあたっていることが、信頼を勝ちえるために必要なのは言うまでもありません。これは教師をはじめ、敬意をもって「先生」と称される人には共通していることだと思います。

このように、子どもの信用を得るのはそう簡単なことではありません。〝雰囲気〟にしろ、〝深い知識と見識〟にしろ、すぐに身につくものではありませんし、ともに過ごす時間だって急に増やせるわけではないのですから。

1　信用してもらうための五つのポイント

このように子どもの信用を得るのはそう簡単ではないのですが、それで終わってしまっては身もふたもないとお叱りを受けそうです。そこでここからは、大人が子どもに信用してもらいやすくなるための振る舞い方について述べていこうと思います。ポイントは五つです。

⑴　物事を楽観的に捉えること

「俺の言うことを聞け、聞いたらうまくいくんだ！」と力説する当の大人が、日頃からいつもイライラして、身の不幸を嘆き、社会への不信ばかりを語っていたとしたらどうでしょう。子どもにしてみれば「この大人の価値観に従って生きたら、こんないやな顔の大人になるんだ。言うことを聞いたらろくなことはない」と感じるに違いありません。

逆に、何かと大変なはずなのに、どこか飄々として、余裕があり、なんだか楽しそうであったならば、「あっ、この大人の言うことを聞いていたら、うまくいくかもしれない」と感じてもらえるかもしれません。

やはり目の前の大人が「自分の人生をそれなりに楽しんでいる」と見えることは大事なので

す。そして、その大人の「なんとかなるだろう」という楽観的な態度が子どもの将来への不安を軽減します。

楽観的とはいっても、もちろん子どもが何か相談してきた時に話もろくに聞かずに「なんとかなるさ、大丈夫、大丈夫」と適当に流せと言っているのではありません。やはり話はしっかり聴く必要があります。しかし、その中でも「事態は急には解決しないかもしれないけど、将来はなんとかなる」と信じている感じが同時に伝わることが大切なのです。

実は子どもが問題行動を起こした時こそ、この楽観的な姿勢を伝えたいと私は考えています。つまり「今はこんな方法でしか自分の苦しさを表現できないのだろうけど、やがてこの問題行動だって止まる日がくるよ」という感じを、こちらの態度で伝えたいのです。

不謹慎かもしれませんが、子どもの問題行動はツッコミどころが満載です。

ある女子は、自傷したくて、カミソリを病棟に持ち込むためにその刃だけを取り出して丁寧に半分に折り、ブラジャーのワイヤーの裏側に皮膚に当たらないようにテープで引っつけて、外出から帰院しました。なかなかの知能犯です。

また、ある摂食障害の高校生は、体重が増えていると見せかけるために、靴下の裏側に釣り具の重りを何個も丁寧にガムテープで張りつけて体重計に乗りました。健気な努力家です。

さらに、ある男子は、病棟から逃げるためにドライバーを自作して窓をこじ開け、シーツとカーテンを堅く結びつけて、深夜、窓から脱走しました。日本版ジャン・バルジャンです。そして彼は山を越え、谷を越え、約二〇〇km離れた自宅まで歩いて戻り、無事保護され、再度病棟に戻されました。

ああ無情です。

もちろんこれらはすべて問題行動です。その際は心配もしました。ただ、これらの問題行動を手間暇かけてやっている姿を想像するとちょっと滑稽です。それにこれだけの創造性に溢れた行動を、多大な情熱をもって行えたのです。いつの日か回復した暁には、このエネルギーが建設的なものに置き換わるかもしれないではありませんか。そう考えると、なんだか「おぬし、なかなかやるな」と楽しくなって、私は彼らに「いやあ、よく考えついたなあ！　それにしてもやるねえ！」と言いました。おそらく私は笑っていたと思います。

問題行動に対し、医師からどういう指導をされるかと緊張していた子どもたちは、一様にホッとした様子を見せ、どこか照れたような表情を浮かべていました。

問題行動には、常に真剣に向かい合わなければなりません。これらのケースでも、もちろん問題行動の再発防止に向けて、いろいろな工夫をしました。しかし「真剣＝深刻」である必要はどこにもありません。大切なのは、子どもの回復可能性について楽観的な姿勢を保ち、折に触れて子どもに伝える作業を続けることだと思います。

(2) 正直であること

思春期の彼らは建前やきれいごとは大嫌いです。世のあり方や人の気持ちは、そんなにすっきり割り切れるものではないことにも気づき始めたお年頃です。

私が患者に「あなたのことが何よりも本当に心配なんだ」と言ったとしても、まず信じてもらえないでしょう。自分の子どものことほどには心配していないことくらい、とっくに見透かされています。

同様に教師が「クラスのみんなをわが子のように思っている」などと言っても鼻で笑われることでしょう。「じゃあ先生、僕がお小遣いちょうだいと言ったらくれるの？　どうせくれないくせに！」と内心毒づいているかもしれません。ですから、そんな薄っぺらいことは言わず、クラスの子どもを大切に思う気持ちを伝えたければ、ストレートに「責任をもって担任の役割を果たすつもりだ」と言えばいいのです。

思春期の患者が「先生は死なないでって言うけど、どうせそれは仕事だからでしょ」と言うことがあります。「それだけではないんだけどなあ」と内心思うものの、たしかにそういう側面もあるわけです。

だからそんな時に「そんなことはない！」と強弁して、子どもを想う熱意ばかりを伝えても信じてはもらえません。「まあ、仕事といえば仕事だけど、それだけでもないんだよなあ。赤の他人であっても、誰かが駅のホームから落っこちそうになれば『危ない！』って助けたくなるでしょ。そういう気持ちもあるんですよ。でもまあ、あなたの言う通り、仕事でもあるよねえ、でもやっぱり死んではほしくないんだけどなあ」と苦笑いしつつ、さまざまな気持ちがあることを整理しすぎないまま、率直に〝くよくよと伝える〟とそこに嘘がなくなっていきます。

やはり思春期の子どもにはきれいごとではなく、現実を直視し、率直に伝えることが大切です。しかし世の中には〝言いがちなきれいごと〟が溢れています。いくつか例を挙げてみましょう。

その1：頑張ればなんとかなる

頑張っても変えられないことなんていくらだってあります。「頑張れば、頑張らないよりわずかかもしれないがうまくいく可能性は高まる」が正解。

その2：人は外見じゃない

現実には外見で評価されることも少なくありません。「外見も大切だ、だからどういう身なりをして、どう振る舞えば自分が魅力的に見えるか研究しよう。それに内面磨きも忘れないでほしい」と言ったほうがいいように思います。

その3：人は一人ひとり存在価値がある

そんな抽象的なことは言わずに「あなたは私にとって大切な存在です」と言いましょう。きちんと説明するなら「あなたに存在価値があるかどうかは、何に存在価値を見出すかによって変わってしまう。それに自分に存在価値がないと考えながら日々を過ごすのはつらい。だから、あまりに実力からかけ離れた高いところに自分の存在価値を見出そうとするのでなく、まずは自分の手が届くところに存在価値を設定しよう」となるでしょう。

ここからの三つは不登校の子どもに対して周囲が言いそうな言葉かけです。

その4：ありのままでいいんだよ

思春期の子どもは、自分が今の実力、すなわち〝ありのまま〟ではこれから先、生きていけないとつくづく痛感しています。だから本当は、「あなたの中にはきっといい部分と足りない部分があると思う。今は足りないところばかりに目が向いていないだろうか。見失っている自分の中のいい部分をもう一度、確認し直そう。そのうえでいい部分はいいとし、足りない部分は慌てずに少しずつ成長するように取り組んでいこう」と言うべきなのです。

その5：学校なんて価値がない

実社会では、進学においても就職においても学校に行っていたほうが有利なことが多いことくらい子どもも知っています。本来は学校に向いていない人用の就職先が昔の日本のようにたくさん用意されていればいいのですが、今日の日本における雇用状況はそうはなっていません。だから「学校にはそれなりに価値があるし、学校に行かないのは勇気のいる選択肢だ。でも命を懸けてまで行くところでもない。もし登校が難しいならば、行かないなりにどう生きればいいか考えよう」と伝えましょう。

その6：頑張らなくてもいいんだよ

経済的にも、生活上も、すべてを周囲に依存して一生を送るのでなければ、〝頑張りゼロ〟では生きていけません。特に思春期の子どもはまだまだ成長しなければならない存在です。やはり、どこかでは本人なりに頑張らなくてはいけません。ですから伝えるならば、疲れ果てている子どもには「今は休みなさい」と言うべきです。何でも頑張りすぎてしまう子どもならば「頑張る部分と手を抜く部分の見極めをつけて、手を抜くべきところは手を抜こう」とか「そこはもう少し楽にやる方法がある」などと伝えたほうがいいように思います。

(3) 約束を守ること

約束を守るために大切なことは、そもそも守れないかもしれない約束は結ばないように気をつけることです。子どもの気持ちによく気がつく人や、子どもに寄り添わなければとの熱意に溢れる人は、無理な約束を結びがちなので要注意です。たとえば熱心さのあまり、「いつでもあなたの話を聴くよ」と言ってしまえば、それは嘘になりがちです。

自傷して外科にかかったある女の子がいました。縫合してくれた若い外科医はとても熱心でした。自傷したわけを聴いて同情し、「つらかったらいつでも話を聴くから、自傷だけはやめなさい」とその子に言いました。その子はとても嬉しくなり、つらい時はその外科医にその都度電話しました。朝も、昼も、夜中も……。さらに一回あたりの通話時間もどんどん延びていきました。

やがて一ヵ月が経ちました。この頃になると、なぜか彼女が電話してもなかなか繋いでもらえなくなりました。「今は診察中」とか「席を外している」とか言われるのです。彼女はそれでも電話をかけ続けました。だって「つらかったらいつでも話を聴く」と言ってくれたのは、他でもないその外科医だったのですから。

次第に彼女は病院に押しかけるようになりました。しかし、その若い外科医はもううんざりしていたのです。約束はどこへやら、外科医は逃げ回るようになりました。それどころか、彼女はその病院への出入り禁止を言いわたされました。そして、約束を破られた彼女は自殺を図りました――。

もしその先生が外科医としての本来の役割を越えて、相談相手になるという強い決意をもっていたならば、こう言うべきでした。「あなたがつらい状況にあるならば、話を聴きますよ。電話をかけてきてください。ただし、その場ではすぐに時間をとれないことも多いかと思います。特に夜間は難しいと思います。ですからその場合、ゆっくり話せる時間を別に設定します」と。

やはり英雄的かつ献身的な姿勢であたらないと守れないような非現実的な約束は、いずれ無理が生じて破綻するのです。だからこそ、子どもからすれば物足りないかもしれませんが、無理せず守れる約束をしたほうがいいのです。

もう一ついうと、本来、外科医は自傷する患者の精神科的な治療は専門外です。先の外科医は「自分は外科でカウンセリングはできません。でも、とても苦しい状況にあるようなので、きちんと精神科にかかったほうがいいと思います。よければ紹介しますよ」と言ったほうが、より安定的な対応ができたように思います。

〝できないことはできないと言う〟必要があるのです。

ちなみに約束を守るためには、複雑すぎる約束を結ばないことも大切です。そんな込み入った約束は守ろうにもそもそも覚えられません。

もしもやむをえず、複雑な約束を結ばされた時には「まずこの約束に沿ってやってみるよ。ただ、この約束は細かすぎて覚え続けられる自信がないんだよね。忘れてしまうこともあるかもしれない。その時はごめん。ただ、あまりにたびたび約束違反してしまう時は、約束自体を見直させてほしい」などと予防線を張っておくといいでしょう。

「うかつな約束はしない、でも結んだ約束はきちんと守る」という姿勢を常に見せることで、その大人の発する言葉に対する信用は次第に培われていくのです。

(4) 予測しやすく振る舞うこと

気分屋で、その都度言うこともやることもコロコロと変わってしまうような大人は決して信用されません。子どもからみると、いったいどう対応したらいいのかさっぱりわからないからです。やはり、この大人は何に価値を置いて生きているのか、何が好きで何が嫌いか、物事に慎重なのか大胆なのか、ルールをどこまで尊重するのかなどがある程度一貫していたほうがいいのです。

これは、常に感情的に安定した穏やかな存在であるべきだと言っているわけではありません。

たとえば、筋が曲がったことに出くわすと、瞬間湯沸かし器のように怒り出す父親であっても、いつもそういう反応を示すようなら、子どもは「うちの親父はこんな人」と理解できますし、その反応も予測できます。時々突飛なことを言い出して子どもみたいにはしゃぐ母親であっても、「うちの母ちゃんは天然キャラ」となれば、子どもは安心できるものです。

いずれにしろ、大人が常に子どもからみて一定の行動パターンを示し続ければ「この大人はこういう価値観をもって生きている」というイメージが確固たるものになり、子どもの安心が増えていきます。

ちなみに私は診察中、必ず白衣を着て、ポロシャツに黒系のスラックスと決めています。それは患者との境界を保つという意味に加え、見た目のイメージが毎回変わらないことを意図しています。逆に、決して白衣を着ることなく、いつもラフな格好をしている精神科医もいます。それはそれでいいのです。いずれにしろ、「この先生はこんな感じ」としてイメージが明確になることが大切なのだと思います。

(5) 失敗したら素直に謝ること

決して悪気はないけれど、「ついうっかり失敗した」なんてことは、子どもとの対応において、当たり前にあります。そんな際には「あらあ、うっかりしちゃった、あー、本当にごめん」と素直に謝ることです。大人はつい、言い訳から入ったり、失敗したのは事情があったからで、自分が悪いわけではないと開き直ったりしがちですが、やはりまずは失敗を謝ることが優先です。事情の説明はその後にすべきでしょう。

謝る際の態度は〝真摯かつケロリ〟がいいと思います。真摯であることが必要なのは言うまでもないでしょう。加えて、ケロリと謝ることも大切なことなのです。もし大人が謝る際に、しょげかえった姿を見せ続けたり、何度も必死に「ごめん、ねえ許して、ねえごめんね」と謝り続けたりすると、子どもの心の中には、相手を追いつめたという罪悪感が湧き上がり、その罪悪感がイライラに置き換わったりします。だからこそ〝真摯かつケロリ〟がいいのです。

2 「信用できない」というテスト

しばしば子どもは親や教師に向かって「お前は信用できない」と言い放ちます。その中には深い考えもなく口走っただけの子どももいますし、具体的な不満があるけれど、それを説明できず、「信用できない」という言葉に集約しているだけという場合もあります。さらに「信用できない」と発言することで、大人のうかつな接近を拒み、自分自身を守っている場合もあるでしょう。

しかし実際に多いのは、その大人が信用に足るかを確認する〝テスト〟です。もちろん子どもも意識的にやっているわけではないのですが、

「感情的になってうろたえるかな?」
「媚びてくるかな?」
「見捨てないかな?」
「余裕はあるかな?」

というあたりが試されます。

ですから大人側としては「信用できない」と言われた際には、威圧的すぎない物腰とこびない雰囲気を維持し、苦笑でもしながら「あら、どうしたの?」と尋ねておけばいいように思います。要するに、いつもと変わらぬ様子でそこにいればいいのです。

ちなみに、相手の気持ちがよく理解できないような特性をもっている一群を除けば、「信用できない」とわざわざ言ってくるのは、関係を深めたいけど本当に深めていいか確認する行為といえます。「文句を言っても相手にすらされないのではないか?」「怒りを伝えたら見捨てられるのではないか?」と感じている子どもの場合、「信用できない」など口が裂けても言えません。それが言えたのは、その大人であれば文句を言っても関係が決定的に壊れることはないのではないかと、内心期待し始めているからです。つまり、根っこの部分で目の前の大人と自

分との関係を信じ始めている証なのです。ですから、こちらは「信用できない」と言われたからといってオタオタせず、その子どもの話を聴き、いつもと変わらぬ調子で接し続ければいい。そうするとやがてテストは終了し、まあ信用できる〝及第点〟を取った存在として、子どもの心の中に少しだけ入ることを許されます。

一番問題なのは「信じられない」とすら言えない子どもです。ネグレクト（育児放棄）などの虐待を受けていた子どもにはそのような傾向がみられます。彼らは大人に対し、そもそも期待していいのかすらわかっていません。そんな彼らと少々付き合ったくらいで信じてもらえると考えるのは、彼らの過去の苦しみに対しての想像力が不足しているといわざるをえません。やはり日々の関わりの中で、「もしかしたらこの大人は今まで出会った大人とは少しだけ違うかもしれない」と思ってもらえる日が、うまくいけばくるかもしれないという謙虚さを保ちつつ、本章で述べたポイントに留意して、慌てずに関わり続けるしかないようです。簡単ではないですが。

第3章　子どもの相談の乗り方

世の中には精神療法の達人が存在しているようです。彼らの著した書物には玄妙かつ洒脱で含蓄に富んだ言葉が満ち溢れています。洞察力に富んだ治療者との診察にはゆったりとした時間が流れ、患者はその支えのもとで自ら洞察を深め、力強く人生を開拓していくようです。

私自身はいつも「こんなふうにできたら、さぞかし素敵だろうなあ」と思う反面、「自分には到底無理だなあ」と感じてしまいます。

しかし、そんな未熟な私でも日常臨床では子どもの相談に次々乗らなければならないわけです。そして、一人ひとりに割ける時間はそう長くありません。

そこで本章では、達人の面接からはほど遠いかもしれないけれど、限られた短い時間の中で子どもの相談に乗るためのノウハウについて述べていこうと思います。

1　自分の気持ちに気をつける

精神科臨床において、子どもから相談される内容は多岐にわたります。それは病気の症状にとどまらず、友人のこと、親子関係、学校のこと、進路……。それらの答えは医学書には書いていません。解決策もさっぱりわかりませんし、聞きながら「ああ、やっかいだなあ」という気持ちにさせられることも少なくありません。

そこで話を聴く際にまず気をつけなければならないことは、そういった相談に乗る自分自身がどんな気持ちになっているかをきちんとモニタリングすることです。そして、その気持ちにむやみに突き動かされることなく、客観的な対応を行おうと自分に言い聞かせることです。

親がわが子の相談を受ける時は、特にそれは難しいこととなるでしょう。しかし、親が相談を受けるたびに過剰に悲しんだり、怒ったり、取り乱したりしていたら、子どもはそんな親の姿を見て「これ以上親を追いつめたくない」「不安定な親への配慮という新しいやっかいごとを背負い込みたくない」と相談を引っ込めかねません。それではダメです。やはりいつも通りの冷静な態度と口調を維持する必要があります。

ちなみに、子どもがこちらに見せる態度と、言っている内容の深刻さにずれがある場合には、大丈夫であってほしいという自分の願望に突き動かされて判断を誤りがちなので注意が必要です。「死ぬって言ってるけど、口調は明るいから大丈夫」とか、「すごく表情は暗いけど、大丈夫って言ったから問題ない」という判断は自分の願望が反映されています。それでは危険を見逃します。だからこそ、子どもの態度と言動が一致しない場合、態度と言動のうちで、より深刻なほうに焦点を当てて考えたほうがいいのです。

2 まずは訴えをじっと聴く

相談に乗れる時間には限りがありますし、あまりに長々しゃべられたらたまったものではないのですが、やはり最初は子どもの話したいことを、口を挟みすぎずに本人なりに話してもらう必要があります。

〝聴く〟のが基本なのです。

もし話しながら涙を浮かべて沈黙に陥ったような場合は、こちらからその場の重苦しい雰囲気を無理に打開しようとはせず、本人が再度口を開くまで静かに待つことです。間違っても話をうかつにそらさないでください。誰かに見守られながら泣くというのは、元気になるためには有効な時間なのですから。

3　聴いていて理解できないところは尋ねる

話をひと通り聴いたのちに、よくわからないことがあった場合は、きちんと子どもに尋ねなければなりません。洞察力が優れた大人だと、子どもの発言の行間から、語られていないことを想像できる場合もあると思います。そのような時も、そのまま話を進めずに、丁寧に、想像した内容が真実であるかどうかを子どもに確認すべきです。

わからないことを尋ねる際に、気をつける点は二つです。

一つ目は〝評価しない姿勢で〟尋ねること。話している最中に怪訝な顔をしたり、善悪や好き嫌いという価値判断を交えたりすると相手は話しにくくなります。

二つ目は〝率直に〟尋ねること。「こんなこと、尋ねていいのかなあ」というビクビクした態度を見せると、子どもも「こんなことを答えていいのかなあ」という気分にさせられます。だからこそ、率直に尋ねたほうがいいのです。どうしても尋ねづらいならば「聞きづらいことだけど、率直に聞くね」とその気持ちを態度ではなく、言葉にして明確に示すのが手です。

なお、わからないことを尋ねるという行為は副次的な効果をもたらすことがあります。それは質問に対して答える過程そのものが、子どもが自らの考えを再検討する機会になるという効果です。子どもによっては質問に答える中で、自然に新たな視点を見出し、自ら解決策を見つけてしまうかもしれません。

4　問題を整理し、子どものニーズを明確化する

話を聴いていくと、なんとなく話が一段落した感じになる時がくると思います。そうしたらおもむろに「あなたの悩んでいることはこういうことね」と言葉に出して整理しましょう。

中には悩みのてんこ盛りになっている子どももいるかもしれません。そんな時には「私もよくわからなくなってきたから、一回整理させて」と言って、悩みを箇条書きにするといいでしょう。

箇条書きにすると二つのメリットが得られます。一つ目は、悩みの全体像が視覚的に把握できること。そして二つ目は、悩みを解決する作業において、どこから手をつければいいのか、考えやすくなることです。

だからこそ、混乱している時は箇条書きにするといいのです。

ちなみに、子どもが相談に現れるニーズはさまざまです。「解決策が欲しい」「専門的な知識が欲しい」だけとは限りません。「ただ話を聴いてくれればいい」「自分なりに答えはもっているけど、それでいいと保証してほしい」「一緒に考えてくれる人が欲しい」など一人ひとり違います。

だからこそ支援する時は、その子どものニーズを明確化するべきなのです。「なんとかあなたの力になりたいと思うんだけど、何を手伝えばいいかな?」と尋ねればいいでしょう。

なお、子どもの場合、周囲の大人が何を手伝えるか知らないこともあるでしょう。そういう時は〝手伝えること〟にどんなことがあるか、そのリストを提供しても構いません。そして、それらは絶対に選ばなければならないものではなく、参考に過ぎないことも示しましょう。

5　安直な言葉かけは行わない

大人はついつい子どもに対し、安直な言葉をかけがちです。その安直な言葉かけには六つの種類があります。

その１：勢いに任せた「激励」

さんざん頑張ったけれど、うまくいかずに落ち込んでいる子どもに「元気出せ！」「頑張れ！」と言っても、それはただの追い打ちです。もしこの声かけでもうまくいくとしたら、悩みが相当浅いか、その子どもによほどの潜在能力があったかでしょう。

また、よく大人は「気にするな！」と言いがちです。しかし、そう言われても気になるものは気になります。だからこそ、こんな時は「気になるよなあ」とその気持ちに共感を示したほうがいいのです。実際にそこまで気に病まなくてもやがてうまくいくだろうと感じたならば「気になるよなあ」に続けて、「ただ、経験的にはしばらく間を置くとうまくいくことが多いと思うよ」と言ってみてはどうでしょうか。

あともう一つ、激励で言いがちなセリフは「なんでもっと早く言ってくれなかったの」です。この言葉には、早く言ってくれればもっと力を貸せたのにというもどかしさと、これから力になるよという激励の気持ちが反映されています。しかし、言われた本人にしてみれば、心配かけたくなくて言わなかったのに、その配慮は無視されて、自分が悪いと責められたと感じがちです。だからこのような場合は「今まで一人で悩み続けていたんですね。でもこれからは一緒に考えていきましょう」と言いましょう。

その2：安っぽい「同情」

「あら、大変ね、お気の毒」と安っぽく同情されても、ちっとも心は癒されません。そういう人に対応するのはただ面倒くさいだけです。昔、テレビドラマで「同情するなら金をくれ！」という名セリフがありましたが、まさにそんな気持ちにさせられるだけでしょう。もし本当に慰めを与えたいならば、言葉は使いようがないのです。せめて「……何と声をかけたらいいかわかりません……」と、困惑した気分を口にして、その後はそこでともに時間を過ごすしかないのです。

その3：えらそうな「人生訓」

自分が元気な時に聞く、偉人の話はなかなかいいものです。生き方の参考になり、勇気が湧くこともあります。しかし、元気がない時に聞かされるのはつらい。なぜなら、どんなつらい中であってもへこたれず生き抜く偉人の姿と、オタオタしている自分の卑小な姿を比較して、ますます自分のダメさ加減を突きつけられるだけだからです。

また、大人が自分の体験談を語るのもうまくいくとは限りません。大人になった今もなお解決できない苦しさがあるという話ならばうまくいくことはありえます。しかし、英雄譚のような雰囲気が漂えば一切が台無しです。つらい時に他人の自慢話を聞くほど不愉快なことはありません。

その４：上から目線の「評論」

「人間だもの、仕方ないさ」など言われても「しょせん他人事なんだろう、高見の見物か！」と腹が立ちます。「相×み×をかっ？」とツッコミたくもなるでしょう。

さらに「誰にでもあることじゃないか」と言われてもつらくなるばかりです。誰にでもある程度のことでこんなにつらくなる自分はなんて弱い奴なんだろうと惨めになるに決まっています。

その５：道徳的な「説教」

たとえば死にたいと言った際に、「自殺は悪」「人命は地球より重い」などと言われても仕方ないのです。命は大切であり、自殺はよくないと今まで学校でさんざん教わりました。それでも苦しくて死ぬしかないと思いつめているのに、改めて「君は非道徳だ」と責められてもますます孤独になるだけです。

加えて「本当に人の命は地球より重いのか？」という疑問すら湧いてきます。「戦争ではたくさん殺せば英雄じゃないか」とか「弱者は早く死んだほうが社会保障費は少なくて済むじゃないか」などとナチスのような考えにたどりつくかもしれません。

ちなみに「生きる意味があるのか」という哲学論争に答えはありません。真正面から答えるならば「考え方によってはないと思う。最後はみんな死ぬんだし……。でも生きる価値がないと考えて生き続けるのは苦しい。だから生きる価値があるかという絶対的な真理を追い求めるより、どういう視点で考えれば生きる価値があると、都合よく感じることができるだろうかと考えてほしい」となるのでしょう。

ただし「なんで死んではいけないの?」という子どもの問いかけに対しては「なぜかは、よくわからない。でも私は君が死ぬと哀しい。だから君に死んでほしくない」という素朴な答えが最もいいと思います。

その6：軽率な「わかるわかる」

相談した途端に、いきなり「いやあ、君のつらさは俺にはよくわかる」と言われるのは相当ムカつくことです。本来であれば、簡単には心の中まで見透かされたくないのが思春期。だからこそなおさら、「そんなに易々とわかってたまるか」といらだちます。洞察力の優れた子どもだと「この先生は、子どもに寄り添っている自分ってカッコいいと自分に酔っているんじゃないの」くらいは感じるかもしれません。

彼らに対し、早わかりは厳禁。実際に子どもの状況が手に取るように感じ取れた際でさえ「わかる」とは言わないが吉。それよりも逆に、「そうだったのか……」と絶句したり、「そのキツさは想像すらできなかった」と言ったりしたほうがマシです。

6 「理解したい」「支えたい」を伝える

では、相談に乗る際には、何を伝えればいいのでしょうか。それは、少しでもあなたのことを理解できるようになりたいという想いであり、そして自分も非力ではあるけれど、少しでも力になりたいんだという決意です。これは口に出してそのまま伝えてもいいと思います。ただし、口で言っても簡単には信じてもらえないことだとは知っておきましょう。それが伝わるには、ともに苦悩する時間が必要なのです。

7 感情は肯定する

子どもに限らず人間は一つのことに、二つ以上の感情をもつことがよくあります。

友人から「俺、東大に合格した」と聞いた時に「すごい！　おめでとう！」と言いながら、

「ああ、俺は……」と内心羨ましさも抱くのはごく自然なことです。中には「威張りやがって」と感じたり、「カンニング？」「裏金？」と疑ったりする人もいるかもしれません。しかし普通は「裏金使った？」とは言わず、やっぱり「おめでとう」と言います。

このように、通常、子どもは生活の場では出していいとされる〝いい感情〟だけを出して生きています。そして出していない〝悪い感情〟がやがて心の中に蓄積し、制御不能となった時、彼らは荒れ狂うのです。

相談の場では、死にたいとか、怠けたいとか、すべて投げ出したいといった〝悪い感情〟が語られることがあります。それを聞いていると、「そんなこと考えちゃダメでしょう」とか「そんなこと考えていたらろくな大人にならないよ」と言いたくなるかもしれません。しかし、それでは相談の場が生活の場と同じになってしまいます。相談した意味がなくなるのです。やはり相談の場は、日頃は出せない〝悪い感情〟をきちんと放出できる場としなければなりません。

だから子どもから「死にたい」と言われた時は、まずはじっと話を聴いたうえで、「自殺なんて考えたらダメ」と言うのではなく、「今の状況だと、死にたくもなるよなあ……」とその〝悪い感情〟を抱きうる感情として、まずは受け入れましょう。

8 「解決策」「選択肢」を考える

感情はたとえそれが悪いとされる感情であっても、抱きうる感情として受け入れることが必要なのですが、行動を何でも受け入れていいわけではありません。

たとえば「死にたい」という子どもに対して、その苦しさは否定せずに受け入れますが、もちろん「死んでいいよ」とは言えません。ではどう言うかというと「死にたくなるのは無理もない。でも死んでほしくない。だから、その苦しい気持ちを死ぬ以外の方法でなんとか減らせないか、一緒に探していこう」と伝えます。そして、死ぬ以外の解決策や選択肢をともに考えていくのです。

ちなみに「死にたい」と語る子どもであっても、その裏には同時に「生きたい」という気持ちが同じくらい隠れています。それを信じ抜くのです。解決策はそう簡単に見つかりません。危険性が高い場合、まずは自殺しないための現実的な手立ても考えないといけないでしょう。

そういう答えが見つからない際に役に立つ考え方があります。それはどうしていいかわからず行きづまった時には、判断を先送りして、慌てて行動しないという解決策です。「行動が崩れなければ人生が壊れることはない」、そのことは子どもに伝えておきましょう。

なお、幼い子どもならまだしも、思春期ともなれば、その相談内容は複雑です。大人であってもどうしたらいいのか、答えがわからないこともたびたびあります。そんな時に〝親〟、そして教師や医師といった〝先生〟は、子どもに頼りになるところを見せなければいけないという想いに囚われて、「わからない」となかなか言えません。そして、たいして確信もないままに「こうしたらいいよ」と言いたくなるのです。

しかし、本当にわからないのであれば、「難しいなあ……どうしたらいいかなあ……」と伝えたほうがいいと思います。そう言うと、頼りないと思われないか心配になるかもしれません。しかし実は「あ！　立派そうに見える先生でも、実はわからないんだ、自分だけじゃなかったんだ」とホッとする子どもは少なくありません。

自分に自信のない思春期の子どもにとって、周りの大人が完璧で隙がないというのは実はつらいことです。しかし、大人にもわからないことがあれば、子どもも自分に足りないところがあってもまあいいかなという楽な気持ちになれます。大人も完璧ではない。わからないことがあってもいいのです。

もちろん大切なのは「わからない」と放ったらかすのではなく、「わからないから一緒に考えよう」という姿勢であることは言うまでもありません。

さらに、子どもの相談に乗りながら、いろんな選択肢が浮かんで、どれがいいか悩んだ際には、そのうちの一つだけを「こうしたらいいよ」と言うのではなく、そのすべてを言葉にすることです。そしてなぜ悩んだのか、その状況や気持ちを隅々まで言葉にするのです。それによって、子どもとともに考える姿勢が強固なものになっていきます。

ちなみに、解決策を考えついた後に、「じゃ、こうしてね」と言って相談を終了するのでは詰めを欠きます。

なぜなら、大人との相談中に思いついた解決策を現実の世界で実行するのは、そう簡単なことではないからです。

だからこそ「こんなふうにできたらいいよね」と言いながらも、「その場になると意外とうまくいかないことも多いから、そんな時は遠慮なくまた相談においで」と言っておきましょう。そうすることによって、次の相談に来やすくしておくのです。

9　自分が援助できる範囲を見定める

残念ながら、私たちはすべての相談に応じることができるわけではありません。親なら親なりに、教師なら教師なりに、精神科医なら精神科医なりに対応できる限界があります。

また、教師や医師のように組織に属している立場であれば、自分が個人として与えられている権限には限りがあります。それを逸脱してすべてを自分で抱え込んではならないわけです。

たとえば看護師が、巡回中に「主治医の先生には内緒にしてくれるなら話したいことがある」と言われた時にどうするか。もし「内緒で聴くね」と答えて、「実は昨日こっそり自殺を図ったけど死ねなかった、今も死のうと思ってる」と言われたら、どうしようもなくなってしまいます。仕方なく主治医に報告したら、その看護師は嘘つきとなるわけです。だからこんな時の正解は「私一人ではあなたを支えられないかもしれない。だから大切だと思ったことは、カルテには書くし、主治医にも報告しなきゃいけないの。でも、あなたが何か相談したいんだったら、ぜひ力になりたい。だから話してほしい」なのでしょう。

このように自分が援助できる範囲は把握しておかなければなりません。絶対に自分の手に余る相談を一人で抱え込んではいけないのです。ただし「自分には無理だから、あっち行って」とシャットアウトするだけでもいけません。その子どもには他の人に相談しにいく余力は残っていないかもしれないのです。ですからそういう場合は、対応できそうな専門家や組織を探し、自らが責任をもって橋渡しをするという姿勢を見せる必要があるのです。

第2部

やっかいな子どもにどう対応するか
——子どもの褒め方・叱り方

第1章　話が通じにくい子どもの対応

1　なぜ話が通じないのだろう？

子どもが言うことを聞かない時に、大人はつい「この子は反抗的だ」と捉えがちになります。たしかに目の前の大人の言うことが承服しがたくて、反抗している子どももいるでしょう。しかし言うことを聞かないのは、必ずしも反抗している子どもばかりとは限りません。

たとえば、「早くお風呂に入りなさい」と言っても入ろうとしない息子は、部活の猛練習でとにかく疲れ果てていて、もはや一歩たりとも動きたくないだけなのかもしれません。さらに「えーっ、私もいやだあ」と言ってソファにゴロリと寝そべったままの娘は、退屈のあまり、母親に構ってほしくて、駄々をこねているだけかもしれないのです。

これらの例に限らず、言うことを聞かない背景は実にさまざまなのですが、あまりに言うことを聞かない場合、実はその子どもが〝話が通じにくい〟という特性をもっている場合があります。こちらがいくら物の道理を伝えても、すんなり入りにくい子どもがいるのです。

ここからはそんな話が通じにくい子どもの問題について述べていきます。

まず、話が通じなくなる背景は三つあります。

(1) 年齢が低い

当然ですが、年少児はまだ難しい言葉を習っていません。大人は使い慣れた〝大人言葉〟を知らず知らずのうちに発しがちですが、それでは年少児には伝わりません。彼らに「リスクマネジメントができているかどうか、しっかり考慮しなさい」と言ってもちんぷんかんぷんです。

さらに年少児の場合、早口で話しかけてもついてこられないでしょう。

彼らにはやはり、年齢に応じた言葉を、年齢に応じた聞き取れるスピードで伝えなければならないのです。

す。

(2) 生物学的な特徴

話が通じにくい場合に、理解力や判断力について生物学的な問題を抱えていることがありま

その1：知能の低さ

知能指数（ＩＱ）は基本的には精神年齢／実年齢×一〇〇で算出します。ＩＱ一〇〇くらいの人が最も多く、その数字からずれていくと人数が減っていきます。ＩＱ七〇を下回ると、医学的には精神遅滞とされます。またＩＱ七〇～八四の人は境界知能といわれます。この境界知能の人は決して少なくなく、理論的には約一四％存在するとされます。

一般に偏差値が低い高校の子どもが不登校になって診察に現れた時に、知能を測定すると境界知能や精神遅滞をベースにもっていることが判明することは少なくありません。驚くべきことに、大学生であっても精神遅滞を有することがあります。

文科省の学校基本調査によると、今日の高校等への進学率は九八％を超えています。高校はもはや義務教育同然です。当然、そこには多くの境界知能の子どもがいます。彼らにとって高校の授業内容は難しすぎます。

苦労するのは勉強だけではありません。教師が指導する際に使用する言葉がそもそもわから

ないという問題も発生します。

ある日、境界知能の女子高校生が私にイライラしながら言いました。

「私、学校から留年って言われた」

「おかしいなあ……、そんなはずはないがなあ」と私は思いました。

たいていの高校は、三分の二以上出席しないと留年です。また、各科目も各三分の二以上授業に出席しなければなりません（これはレポート提出や補講で、後日にカバーしてもらえることもよくあります）。しかし今はまだ夏休み前、私の知る限り、その子どもは遅刻や早退は多いですが、欠席はあまりしていません。もしかしたら出席日数が足りなくなってきている科目がいくつか出てきているのかなと思い、すぐに学校に事情を問い合わせました。

「先生、彼女に何とおっしゃったのですか？　留年になると言いましたか？」

「いえ、留年が決まったなどとは言っていません。ただ三分の一以上欠科している科目があると留年になるよ、と言っただけなのですけど……」

改めてその子を呼んで私は尋ねました。

「欠科という言葉の意味、わかる？」

「わからん」

「三分の一は？」

「だから、わからん」
「三分の一以上の〝以上〟は？」
「わからんって言ったでしょ！」
結局、彼女が教師から言われて理解できていたのは「留年よ」という言葉だけだったのです。

その２：神経発達症（発達障害）

子どもが周囲から言われたことに対して適切に反応するためには、子どもにさまざまな能力が備わっている必要があります。

まずは言われた内容を注意深くかつすばやく聞き取る力が要ります。さらに聞き取った内容を忘れずに覚えておく力も要るでしょう。もちろん、その内容を理解する力は欠かせませんし、言われたことだけでなく、その時の状況を踏まえて、どう行動すべきかを客観的かつ柔軟に吟味できなければなりません。そして、最終的には決断力を発揮して、行動を決定し、さらに決定したことを現実になすための実行力もいるのです。これらのいずれの能力が欠けていても、言われたことを実行することは難しくなるでしょう。

これらの能力に問題を抱えているのは、精神遅滞の子どもだけではありません。知的には低くなくても、自閉スペクトラム症（広汎性発達障害）や注意欠如・多動症（ＡＤＨＤ）をはじめとした神経発達症を有している子どもの中には、これらの能力が先天的に不十分な者が少なくないのです。

たとえばあるADHDの子どもは、気が散りやすくて、注意深く聞き取ることが苦手でした。特に自分が興味がないことの場合、その傾向は顕著になります。彼は決して理解力がないわけではありません。ただ興味がないことに注意を払うのが苦手だっただけなのです。しかし、彼は「言ってもわからない子」として扱われ続けていたのです。

また、ある自閉スペクトラム症の子どもは、こだわりが強く、納得できないことには従いたくありませんでした。彼は正義の人であり、少しでも曲がったことは許せません。しかし学校で生き延びるためには、時と状況に応じて、筋を通すばかりでなく、筋を曲げたり、理不尽を受け流したり、柔軟に振る舞わなければなりません。それができない彼は「聞き分けの悪い子」として扱われていたのです。

さらにある自閉スペクトラム症の高校生は、記憶力は抜群で、理解力もありました。ですから中学の時の成績はトップクラスで、高校は難関進学校に楽々合格しました。しかし、その進学校は多量の宿題が出ることで知られる学校でした。記憶力も理解力もある彼でしたが、実は彼は一度にやらなければならないことがたくさんあると、気になってしまって混乱するという特性をもっていました。多量の宿題に押しつぶされて、身動きがとれなくなり、宿題に手がつかなくなった彼は「言ってもやらない子」になったのです。

その3：統合失調症など

幻覚妄想を呈し、言動のまとまりが悪くなる後天的疾患である統合失調症の子どもも、話が通じにくくなる場合があります。

それは幻覚妄想が活発な時期だけではなく、幻覚妄想が薄らいだ時期にも残存します。具体的には、決断力が落ちたり、状況を読むのが苦手になったり、融通がきかなくなったりという現象がみられます。

(3) 不安で混乱している

話が通じにくくなる三つ目の理由は、不安で混乱しているということです。

日頃は話がよく通じる子どもであっても、不安な状態に陥った時、子どもは途端に話が通じにくくなります。理屈よりも気持ちが先に立ちやすくなるからです。

子どもが不安になることはさまざまです。

「明日テストだけど勉強してない、どうしよう」など、今まさに不安な出来事を抱えている場合は、もちろん何を言われてもうわの空です。

また、先のことが不安でたまらなくなることもあります。たとえば高校三年で部活を引退したあたりからの約半年間、子どもの聞き分けは急に悪くなるでしょう。それは卒業後の自分がどうなるのかという問題が急に実感を伴って目の前に現れて、不安でたまらなくなるからです。

さらに、まだまだ自信がもてない思春期の子どもの中には、他人と向かい合うことや人前で恥をかくことをとても不安がる子どもがいます。中にはそれが社交不安症（社交不安障害）という病気に発展していることすらあります。

そのような子どもは、理解力は正常なのですが、よく知らない大人から急に何か言われたり、大勢の注目を集める場面で話しかけられたりすると〝テンパって〟しまって、冷静な判断ができなくなります。

このように不安な際には子どもは話が通じにくくなるのです。

2　話の聴き方の工夫

第1部で子どもの相談の乗り方について説明しましたが、このような話が通じにくい子どもの話を聴く際には、それに加えて、さらにちょっとしたひと工夫が必要です。

(1) 気持ちを推察して伝えてみる

子どもは大人に比べると、自分の気持ちや状況を言葉で表現するのが苦手です。深い自己洞察に基づき、内面を掘り下げた話ができるのは、普通、大学生くらいから。高校生でできる子どもはめったにいません。

特に話が通じにくいタイプの子どもは、自分の気持ちを上手に伝えることができません。使う語彙もとても少なくて、「別に」「フツー」「ビミョー」「ムカつく」の四つしかしゃべらない子どももいます。場合によっては、何か言いたげなのに上手に言えなくて、「ウーウー」とうなるだけの子どもや、一切口を開かず、沈黙の行でも行っているのかと思う子どももいます。

そんな彼らのペースにただ合わせて、話し出すのをじっと待ち続けるばかりでは、いくら時間があっても足りません。やはり本人の状況を知る人から提供された情報を参考にしながら、少し積極的にこちらから質問を加えざるをえないのです。もちろん次々質問攻めにしても子どもはついてこられませんから、質問のペースは焦りすぎないようにします。

また、彼らに質問する際は、気持ちを聞くより状況を聞くことを優先します。

たとえばリストカットした子どもであれば、「切る前にどんな気持ちだったの？」と尋ねてもうまくいきません。だいたいは沈黙に終わるか、「別に」と言われて終了です。だからそんな時は「切る前に何をしていたの？」とか「どんなことを考えていたの？」と尋ねます。気持ちという抽象的なものより、状況のほうが具体的な事柄なので、話が通じにくいタイプの子どもにとっては話しやすくなり、有用な情報が得られやすくなります。そして、その語られた内容から推察して、たとえば「寂しくなって、その気持ちをどう扱っていいかわからずに自傷したんだね」といった感じで、こちら側から、彼らの気持ちを推察して、言葉に置き換えて伝えるのです。それによって彼らも、自分自身が寂しかったんだということを改めて正確に認識します。

あと、あまりに沈黙が続く子どもとのやりとりにおいては、相手の口をペンチでこじ開けるかのように気合を入れて話させようとはしないことです。彼らは、今はまだ話す準備ができていないのかもしれませんし、こっちが何者かわからず、警戒しているのかもしれません。ですから、そんな時は相手が感じているであろうことを推察して、それを〝温厚な調子〟で〝独り言〟のように、多少〝自信なさげに〟ポツリとつぶやきましょう。そうして、やがて口を開いてくれるかもしれないその日を待つのです。

(2) 話の交通整理をする

逆にこのような子どもの中には、ペラペラと口数多く話し続けるような子どももいます。話はあっちに飛び、こっちに飛びでいっこうに要領を得ません。時には本筋とは関係なさそうなことばかりをくどくどと語り続けることもあります。そんな時にただ黙って話に聴き入るという対応ばかり続けていても、不毛な時間が流れるだけです。

さらにこのような子どもの場合、話を続けながら自分でもこんがらがって、「あーうまく言えない」「よくわからん」と怒り出すようなこともあります。

ですから、彼らに対しては受容的にただ聴き入るのではなく、時折「これはこういうことだね」という形で言葉を挟むことで話の交通整理を行う必要があるのです。

また、まとまりに欠ける彼らの話を聴いていると、結局、何を言いたいのか、何を目的にしているのか判然としない場合も少なくありません。

ですから、そのような際には「ごめんね、ちょっと混乱してしまったのだけど、要するに何を言いたいのかな?」「最終的にどうしたいの?」などと伝え、本人が一番希望していることが何なのか、ここで何を話したいのかを明確にして、お互いに共有するといいでしょう。

(3) 訴えの要点を書いてもらう

神経発達症の子どもの中には、考えながらしゃべっているとこんがらがる子、一つのことをしゃべっていると別の大切なことを忘れてしまう子、別のことに気をとられると今しゃべっていることがうわの空になってしまう子などがいます。要するに、一度にいろいろなことをするのが苦手なのです。

このような子どもと話をする際には、事前に話したいことをメモにまとめてきてもらうのが有効です。そうすることで自分の考えていることの全体像が、子ども自身にも、話を聴く側にも、わかりやすくなるからです。

また神経発達症の子どもの中には、音声よりも文字に書き起こして視覚的に認識したほうが思考しやすくなる傾向をもつ者が少なくありません。そのような子どもの場合もメモを使うやり方は望ましいでしょう。話を聴く途中でポイントを書き起こして、一緒にその文字を目で見ながら話を進めるのもいいと思います。

さらに対人緊張が強すぎて、話をする際に頭の中が真っ白になってしまう子どもの場合も、事前に書いたメモを持ってきてもらうのは有効です。子どもは他人を意識せずに済む冷静な時にゆっくり伝える内容を吟味できます。また、話をするその場では、メモ用紙は不安を減じるお守りとして機能します。

さらに、対人緊張が高すぎて話せなくても、そのメモを渡してもらえば、話を聴く側は話を進めることができます。また少し慣れてくれば、そのメモを〝朗読〟する形で、人前で口を開く練習にも使えます。そして何よりも、診察に来たけど何一つ話せず、何の情報もやりとりできないという事態を回避できるのです。

(4) 話せる時間を明確に示す

彼らの話は冗長なことが多く、数多く脱線します。私たち精神科の日常外来は時間との闘いです。安定している患者とのやりとりでなんとか一～二分の時間を節約してかき集め、そのやりくりして貯めた時間を不安定な患者と話をする時間に充てているのです。

しかし、彼らはそんなこちらの苦労はお構いなしに長々と話を続けます。ドアの外から聞こえる「いつまで待たせるんだ！」と受付の事務員に怒鳴りつけている次の患者の声は気にも留めていません。

こっちも焦ってくるとやきもきして、「この患者はわざと話を引き延ばしているのではないか」と邪推したくなるのですが、たいてい彼らは何の悪気もありません。こちらの事情には気が回っていないだけなのです。

だからこそ、彼らに対してはどのくらいの時間なら対応できるかを先にきちんと示すといいのです。それを示しておくと、彼らは自分からその時間の中でポイントを絞って話そうという姿勢を見せてくれるようになります。

3 指示の工夫

ここまでは話の聞き方を述べてきました。ここからは話が通じにくい子どもに対して、こちらから指示する際に心がけるといいことについて述べていきます。

ちなみに、これらの方法は話が通じにくい子どもに限らず、不安に駆られた母親、物忘れの出始めた高齢者にももちろん有効です。さらにいうと、実はどんな相手に対してもわかりやすくていい方法なのです。ですから、教師や精神科医といった専門職同士で連携する際や、医師が看護師に指示する際にも、これから述べることに留意するとうまくいきやすくなるでしょう。

(1) 難しい言葉を使わない

やはり彼らに指示する際には、その子どもが理解できる言葉を用いなければなりません。「十分に睡眠時間を確保してください」と言わずに「たくさん眠ってね」と言わなければならないのです。もちろん小難しい専門用語やカッコつけた外来語などは使用厳禁です。

悪いことをしたなと思った際に、「大変遺憾に存じております」などと言っても通じません。それではまさにイカン。きちんと「ごめんなさい」と言いましょう。

以前、ある中学生に「次の外来の予約は八日（ようか）ですよ」と言った際に、怪訝な顔をされたことがありました。都合でも悪いのかと思って尋ねましたが「いいえ」と言います。でも何か腑に落ちない顔をしてモジモジしているので、もしやと思い、「では次は八日（はちにち）に来てください」と言ったところ、さっと彼女の表情は明るくなりました。境界知能の彼女にとって「八日＝はちにち」であり、「ようか」と言われてもわからなかったのでした。

ちなみに、相手の理解力に合った言葉を使う際に、低年齢の子どもに対するような言葉遣いをしてはなりません。それは相手を蔑む行為であり、相手はバカにされたと感じます。なんなら試しに、中学生の荒ぶる男子に「ぼくちゃん、どうしたの？」と言ってみてください。無茶苦茶、不機嫌な罵声が返ってきますから。

⑵ 具体的に伝える

彼らに指示をする際には、できるだけ具体的な指示を心がけます。たとえば「ちょっと待ちなさい」と言っても五分後には「ねえ、まだあ」と話しかけてくる子どもに対しては、時計が読めるなら「一五分待ちなさい」と伝えたほうがいいでしょう。もし時計が読めないなら「あの長い針が六の目盛にくるまで待ちなさい」と伝えたり、タイマーをセットして「ピピピと鳴るまで待ちなさい」と伝えたりしたほうがいいのです。

「早くしなさい」ではなく「何時までに仕上げなさい」、「もう少し食べなさい」ではなく「あと何個食べなさい」、「だらしない格好をやめなさい」ではなく「洋服の裾をズボンの中に入れなさい」、「ちゃんと片づけなさい」ではなく「おもちゃはこの箱に入れなさい」など、このような例は数限りなくあります。

彼らはよく集団活動の中で抽象的な指示を受けて、自分なりに言われた通りにしているつもりなのに叱られるという経験をします。決まって相手はこう言うのです。

「もう少し、場の状況を読みなさい」

彼らは彼らなりに一所懸命に場の状況を読んでいるのです。ただ、その読みが少しずれているだけなのです。そこに悪気はありません。

だからこそ、彼らと集団活動をする際には、事前に丁寧かつ具体的に、今は何をする時間か、ここは何をする場所か、どんなルールがあるかを明確にする必要があります。そして、これからのタイムスケジュールがどのようになっているかも明示しておく必要があります。指導や命令はそれらを十分に伝えた後に初めてすべきことなのです。

具体性に欠けた指示の一つに、標語があります。

「明るく元気な○○小学校の子ども」という標語に忠実だったある子は、お葬式でハキハキあいさつして怒られました。また「みんな大好き、クラスの和を大切に」と言われたある子は、自分をいつもいじめる同級生のことも大好きにならなければならないと固く信じ込んで苦しんでいました。

また標語はたいてい、例外規定をきちんと明示していません。

「横断歩道では手を挙げましょう」という標語を真に受けた男子中学生は、大勢が横断歩道で信号待ちをしている中で一人手を挙げ、周囲の女子から気味悪がられました。「働かざる者食うべからず」と教えられた若者は、失職したのちに絶食し、歩けなくなって入院しました。やはり、彼らに対しての指示は抽象的ではなく、具体的になさなければならないのです。

(3) 曖昧な言い方を避ける

理解力の乏しい子どもや不安にさいなまれている子どもに指示をする際には、曖昧な言い方を避けて、断定的な言い方をしたほうがいいようです。それは、曖昧な言い方だと、状況を読み取りにくい彼らは心細くなりがちだからです。

「先生、これで大丈夫かなあ?」と聞かれた際に「たぶん大丈夫だと思うけどねえ〜」と言うのではなく、低く力強い声で「はい、大丈夫です」と確信ありげに言うことです。内心、本当に大丈夫かなあとビクビクしていたとしても、そこは腹を据えましょう。

もしうまくいかなかったらどうするか? その時は「見込み違いだった」と謝ればいいでは

ありませんか。

(4) するべきことを正確に伝える

彼らは指示されたことの背景にあるこちらの想いを汲み取って、その場で臨機応変に応用するのは苦手です。だから指示されたことだけしか、しようとしない場合も多いのです。

ある自閉スペクトラム症の夫をもつ妻が腹を立てて言いました。

「『ちょっとスーパーに行ってくるから、その間、赤ちゃんを見といて』と夫に頼んで出かけたんです。戻ってみたら赤ちゃんが泣いている。見たらウンチしていて……。夫はその横にじっと座っていて、オムツも替えてないんです。『どうして替えてくれなかったの！』と言ったら、『見てて言ったから、ちゃんと見てたよ』って！」

この夫には「子どもを見ていて、ウンチしたらおむつを替えて」と言わなければならなかったのでしょう。大人でもこういうケースがあるのです。

(5) 指示は一度に一つだけ、その場、その時に言う

複雑で難しい指示についていけないのは当然なのですが、実は簡単な指示であっても、それがいくつも同時になされると彼らはこんがらがります。

最後の指示を受ける際には、もう最初の指示は忘れていますし、複数の指示のどれから手をつけたらいいのかも、よくわかりません。そして何よりも、たくさんしなければいけないことがあるというプレッシャーに押しつぶされそうになります。

だからこそ、一度に指示することは極力一つだけに絞りましょう。そして「これが終わったら、次の指示を出しますので聞きにきてください」と伝えるのです。

もしどうしても複数の指示を与えなければならない時は、実行する順番を明確に示しましょう。そうすることによって、一度にしなければならないことを一つに絞るのです。

そして、できれば指示する際は、指示内容と順番をメモに書きとめて渡しましょう。そうすれば子どもの「あっ、忘れてた！」は格段に減ります。

さらに指示は極力、その場で言うように心がけます。

たとえば電車に乗ったことのない子どもに、電車の乗り方をいくら口頭で説明してもうまくいきませんが、大人が一緒に駅に足を運び、切符を買い、ともに目的地まで乗れば、すぐに乗れるようになるでしょう。

それと同様に、話が通じにくい彼らに対して、経験したことがない場所でどう振る舞うかを説明してもなかなかうまくいきません。具体的なイメージが湧きにくいからです。また不安ばかりが先に立って、言われていること自体、耳に入らなくなることもあります。やはり指示はその場で言ったほうがいいのです。

さらに、あまりに未来のことを持ち出して指示することもしません。遠い未来のことはイメージできないからです。

また彼らが何か問題を起こした際も、よほどの重大事項でなければ、あまり昔のことは蒸し返しません。子どもも、あんまり昔のことを言われても「今さら、いちいちうるさいんだよ！」という気持ちになります。それに悪いことをしたとの自覚もないままに、悪いことをしていた子どもに、三日後に「あの時のことを胸に手を当てて考えてみろ」と言っても、もはやすっかり忘れています。そういえば私たちも、「三日前の昼ご飯は何を食べましたか」と聞かれてもたいていは思い出せません。それと同じです。

(6) 要点を書いたメモを用いるのも手

実は、このような複数の指示を同時にする際に限らず、彼らへの指示は、口頭で伝えるだけでなく、メモを用いて行ったほうがいいとされています。要するに、指示内容を視覚化するのです。

神経発達症の場合、聴覚よりも視覚を用いたほうが、情報が頭に入りやすく、入った情報を整理しやすいことが多いことはよく知られています。また不注意傾向の高い子どもは、指示された内容が興味のないことであれば、「あっ、忘れてた！」となる確率が高いでしょう。対人緊張が高い子どもは、指示されている際の緊張で、頭の中が真っ白になって聞き漏らしてしまいがちになるでしょう。

だからこそ彼らに対しては口で言うだけでなく、メモを用いたほうがいいのです。ついでにいうならば、子どもによってはそのメモすらも失くしがちになります。ですからメモを使う際は、何かの裏紙ではなく、手帳や連絡ノートなどのように、失くしにくいものを決めて使ったほうがいいでしょう。

(7) 指示は何度も繰り返すことになると覚悟しておく

彼らに指示する際に、たった一度指示しただけで「もう大丈夫」とは決して考えないでください。通常、彼らは何度も同じ失敗を繰り返します。また中には、本当にこれでよかったかと気になって一〇分おきに確認してくる子どももいます。だから結局、私たちは何度も同じ指示を繰り返さなければならなくなるのです。

繰り返して指示する際に気をつけなければならないことが二つあります。

一つ目は、指示した内容について理解できているけれども、不安で聞いてくるような場合には、指示内容を言い換えたり、説明のために新たな説明を加えたりせずに、同じ表情と同じ口調で、同じ説明をするということです。ついつい説明する側はわかっていないのかなと思って、説明の仕方を変えがちなのですが、それは逆に子どもを混乱させる結果に終わります。

二つ目は、何度も繰り返して指示していると、大人の側がついイライラしがちになることに気をつけることです。子どもにしてみれば悪気なく、不安になって確認しているだけなのに、勝手に目の前の大人が怒り出すのでは、何が何だか戸惑うばかりで、たまったもんじゃありません。

しかしながら、大人側の忍耐力にも限りがあります。イライラだってするでしょう。だからこそ、あまりに確認が多い場合は、衝突を避けるためにも「わからなくなったら、これを見てね」と指示を書いたメモを渡すのはいい方法なのです。

ちなみに、指示を何度もしないといけない子どもの中には、聞き取る能力が低い子どももいます。ですから私はそんな患者を待合室から診察室に呼び入れる際には、マイクで「〇〇さん、〇〇さん、△番、△番診察室にお入りください」と、あえて名前と診察室名を二回、ゆっくり繰り返して呼ぶようにしています。そうすることで聞き漏らしを防ごうとしているのです。

(8) 価値観が違うことを理解しておく

子どもによっては善悪の基準や、損得の感覚が、周囲の大人と大きく異なっていることがあることにも注意が肝要です。

大人がいいと考えていることを、目の前の子どもがいいと考えているとは必ずしも限りません。だから「〇〇しなさい」と言われた時に、なんでそうしなければいけないのか理解できていないことも少なくないのです。そんな彼らに対しては、なぜそのようにしたほうがいいのか、丁寧に説明することが求められます。さらにいうと、価値観を変えるのは簡単なことではありません。

たとえば「将来のためにお金は計画的に使いなさい」と大人はよく言いますが、子どもにしてみれば、今、お菓子を買ったほうがその空腹は満たされるわけです。それをあえて買わずに我慢したほうがいいと感じさせるのは、簡単なことではありません。今を我慢したほうがいいことが多かったとの実体験を数多く積み重ねる中で感じてもらうしかないのです。

(9) 指示する際の雰囲気に気をつける

彼らは言葉をあまり上手に使いこなせません。指示を受けた際にこちらの言っている単語すらわからないこともあるでしょう。

そんな彼らはどんな気持ちでこちらの話を聞いているのでしょうか。それは、私たちが外国人から話しかけられた時の状況によく似ていると思います。

私は英語がからっきしダメです。当然、外国人から道で話しかけられると、オドオドします。その外国人も英語が不得意そうだとホッとするのですが、向こうが英語を流暢に話すとますます追いつめられます。時には「俺たちがアメリカに行ったら英語しゃべるだろ、お前らもここは日本なのだから日本語しゃべれよ」と毒づきたくなります。さらに、もしかしたらこの外国人は自分を何か騙そうとしているのではないかと疑心暗鬼にもなります。

しかし、わが子を連れていたりすると、父親のカッコいいところを見せなければという欲が出ます。それに日本は不親切な国だったと言われたくありません。だから結局は、聞き取れる単語だけをつなぎ合わせてわからないなりに対応しようとするのです。

そんな時に、その外国人が「コノニホンジン、ツカエナイネ」という雰囲気を漂わせ始めたら、さすがに絶望的な気分になります。「エイゴ、ワカラナイノニ、アリガトウ」という友好的で親しみやすい態度で接してくれるからこそやりとりができるのです。

話が通じにくい子どもと接する時も、それと同じように、言葉を使うのが苦手だからこそ、友好的な態度を保つ必要があるのです。

⑽「わかりました」は当てにしない

彼らはすぐに「はい、わかりました」と言います。でも、その言葉をすぐに鵜呑みにしてはいけません。

彼らは、目の前の大人の話を聞くのが面倒くさくなった際にひとまず「わかりました」と言うのです。それは「わかりました」と言わない限り、目の前の大人がいつまでもこの退屈で不愉快な話をやめてくれないと学習しているからに他なりません。それは外国人の話に、とりあえず「あ～はん（uh-huh）」と言っている私と同じ振る舞いなのです。

だからこそ、彼らが「わかりました」と言っても、簡単に信じてはいけません。常に表情を観察し、本当にわかっているのか、そこから推察する必要があります。一瞬の目の泳ぎを見落とさないように心がけてください。

また、子どもの理解力に比してあまりに素早い返事や妙に快活な口調での返事も要注意です。考えずに聞いているから、そんな返事ができるのです。下手な芝居に騙されてはいけません。

子どもとの関係が良好であれば「わかりましたって言ったけど、今、適当に言ったでしょ」と直接尋ねてもいいようです。もちろんそう言う時は、責める感じではなく、笑いながら言いましょう。そうすると、いたずらがバレた子どものように「バレた？」と子どもも笑顔を返してきます。

ちなみに、子どもの表情だけでわからない場合は、指示した内容を復唱させてみましょう。そうすれば子どもの理解した内容は明確になるでしょう。

第2章　暴れる子どもの対応

1　暴れる子どものもつ背景

思春期の精神医療における困難な課題の一つに、イライラして暴れる子どもの対応がありま す。

ちなみに、たまにイライラして、机をドンと叩くという程度のことは思春期ならば誰にでもあることです。そう心配はいりません。しかし頻繁に暴れる場合は、いろいろな原因が考えられます。

まず統合失調症で幻覚妄想状態に陥っていたり、躁状態で易刺激性や易怒性が高まったりしているために暴れる子どもがいます。また、先天的に衝動性が高いＡＤＨＤの子どもやパニックを起こしやすい自閉スペクトラム症の子どもも、周囲からの刺激を受けて、暴れることがあります。

しかし、私の臨床経験において、暴れる子どもが背景に抱えている問題で最も多いのは被虐待です。

彼らは過去に何度も理不尽な暴力を体験してきました。ある子どもは、顔面をグーで殴られ、うずくまった背中を足蹴にされました。ある子どもは、言うことを聞かないからと何度も熱湯をかけられました。ある子どもは、逆さ吊りの状態で浴槽に頭から浸けられました。幼かった彼らには、その情け容赦ない暴力に抵抗する力はありませんでした。ただ、怒る親の恩赦が出るまで謝り続けるか、親が殴り疲れるのを黙って待つしかなかったのです。

さらに、ある子どもは、酒に酔った父親が暴れる物音や、引きずられた母親が泣き叫ぶ声を毎晩のように布団の中で聞いていました。その子は母親を守れず、声を上げることすらできない自分を卑怯者だと恥じていました。

このように直接、身体的虐待を受けた子どもや、親のドメスティックバイオレンス（ＤＶ：夫婦間暴力）に直面させられるという心理的虐待を受けてきた子どもは、感情の調整能力が低下しやすくなることが知られています。衝動性が高まるのです。しかも、彼らは長年の虐げられた歴史の中で、自分自身に対しての信頼を失い、自暴自棄になりやすくなっています。そして何よりも、彼らが出会ってきた大人は、イライラしたり、不満を感じたりした際には「暴力という手段で憂さを晴らせばいいんだよ」というお手本を見せ続けてきました。そんな中、彼らは次第に暴れることを覚えていくのです。

ちなみに、自閉スペクトラム症やADHDという先天的な特徴をもっている子どもが虐待を受けていた場合、先々子どもの暴力行為が深刻化しやすくなります。だからこそ、そのような特性をもつ子どもに対しては、暴力を受けたり目撃したりすることがないように十分な配慮が必要なのです。

2 暴れる子どもに対応する際の留意点

ここからは暴れる子どもと接する際に知っておくといい基本的な考え方について述べていこうと思います。

(1) 生物学的な問題の有無を検討する

先にも述べたように、暴れる子どもの中には、統合失調症の幻覚妄想状態や、双極性障害

（いわゆる躁うつ病）の躁状態の子どもがいます。

さらに、病的に不安が高まる社交不安症（社交不安障害）や病的にとらわれが強まる強迫症（強迫性障害）などが背景にあって、それらの症状を上手に解消できずにイライラして暴れている子どももいます。

時には脳器質的な疾患が隠れていることもあります。

これらの後天的な疾患を背景として暴れているケースは、いずれもまれですから心配しすぎる必要はありません。しかし、急に性格が変わったかのように見える場合や、場所や相手を選ばずに四六時中暴れるようになった場合などは、一度精神科など専門家に診てもらうといいでしょう。

仮にこれらの病気であった場合、薬物療法などの医学的治療によって改善が見込めます。

さらに、幼少より衝動性が人並み外れて高い場合や、状況を顧みないような突発的な激しい暴力が出現する場合には、神経発達症などの先天的な特性を有していることがあります。そのような場合、子どもの特性を十分に把握し、その特性に応じた対応を行うことで、ストレスが減り、暴れることを減らせる可能性があります。また、薬物療法が著効するケースもあります。いずれにしろ神経発達症に関する専門家に意見を仰ぐといいでしょう。

(2)「イライラし始め」に対応する

衝動性が高く、暴れやすい子どもと接する際には、〝先手必勝〟と知っておきましょう。つまり、子どもが暴れ出してから対応しても手遅れだということです。勝負はまだ暴れる前、つまりイライラし始めた瞬間です。

熱心かつせっかちな大人の場合、指導していてだんだん子どもがイライラした表情になってきているのに、「とにかく今のうちに、この子どもに言うべきことを言い終わらなければ」という思いが強すぎて、そのまま話を進めがちです。そして、次第に押し黙っていた子どものイライラは増大し、やがて沸点に達します。そうなると、もう子ども自身にもイライラはコントロールできません。そうして子どもは激しく暴れ始めます。怒りでいっぱいになった頭の中には、結局、何一つ大人の話は残っていません……。

彼らのイライラはたいてい、表情や目の色に現れます。だからこそ、イライラしているなと感じた際にはあまり話しかけないことです。彼らもできれば暴れたくないのです。なんとか押し黙ることでイライラを制御しようとしているのですから、それを信じてしばらくそっとしておきましょう。

また、話しているうちに向こうのイライラが高まりそうな時は、極力話を短く切り上げましょう。いちいち「いいね、わかったね」との念押しなどをしないことです。それは「うるさい！」と暴れ出すための誘い水になるだけだと知っておきましょう。もちろん、こちらの口調までイライラした感じにならないように心がけるのは言うまでもありません。

ちなみに、授業中や集団活動中などにイライラし始めた際には、早めにいったん席を外させて、落ち着く時間を与えたほうがいいようです。一人になれる場所を提供するのもいいでしょう。子どもによっては話題を変えて、その場の雰囲気を切り替えたりするのも手です。

精神科の臨床場面では、このようなイライラ対策を子どもと具体的に話し合って作っていきます。

(3) 爆発中は説得も叱責も無効

もし本人が暴れ出してしまったら、もうこちらが何と言おうと、もはや一切頭には入りません。いたずらに議論したり、道理で説き伏せようとしたりしても、火に油を注ぐ結果に終わります。暴れる時間が伸びるだけです。要するに、暴れている子どもに話しかけても無駄なのです。

話をきちんとしたければ、子どもが落ち着くのを静かに待たなければなりません。子どもに伝えるべきことがあるならば、本人が興奮していない時に冷静に伝えなければならないのです。

暴れている最中に子どもはいろいろなことを口走るかもしれません。

「小遣いよこせ！」

「今すぐゲーム買え!!」

「困っているわが子のためだったら何だってするのが親だろうが!!」

これらは無理難題を吹っかけて、大人を挑発しているのです。だから真正面からその場でどう答えても、事態はこじれるばかりです。「ダメ」と言えば「はあ、ふざけるな」となるでしょうし、「いいよ」と言えば要求はエスカレートするばかりなのですから。

結局そんな時の正解は〝答えの保留〟です。何か言うならば「ケンカにならないようにまずはいったん離れて、落ち着きましょう。そして、落ち着いてから話し合いましょう」と言うのがいいでしょう。そして冷静な時に、できないことは「それは無理」と伝えればいいのです。

⑷ 環境からくる刺激を減らす

暴れる子どもの中には、周囲からの刺激に過敏な子どもがいます。そういった子どもの場合、本人に対して暴れないように指導や治療を重ねて努力を促すだけでは、なかなかうまくいきません。

やはりそのような子どもの場合、より積極的に環境側にあるイライラの引き金を遮断・軽減しなければならないのです。

たとえば神経発達症の子どもの中には、感覚過敏をもつ者がいます。たとえば暑いのがダメ、ジメジメしたのがダメといった場合、快適な空調設備のある空間を提供できないか検討します。また、ざわついた環境だとイライラする子どもの場合、静かで人数の少ない部屋で勉強させたり、逆に好きな音楽をイヤホンで聴きながら勉強させたりします。

そして、不仲な同級生がいるとどうにもこうにも落ち着かない子どもの場合、「なんとか次のクラス替えの時は、○○君とクラスを離してください」と学校に懇願し、静かにクラス替えの春を待つのです。

(5) 表沙汰にする

思春期になったわが子が家庭内で暴れるようになった場合に、親が急いで行わなければならないことがあります。それはそのことを、隠さずに誰かにきちんと相談することです。

わが子が暴れていることを誰かに言うと、世間体が悪いと感じたり、わが子に恥をかかせてしまうのではと考えたりして、相談をためらう親は多いようです。しかしそれでは、腕力も強くなり、歯止めを失った子どもの暴力は治まりません。だからこそ、早急に援軍を集めなければならないのです。決して孤立してはいけません。親戚や友人、担任教師や部活の顧問、保健所や市役所の子育て支援に関わる部署など、相談に乗ってくれる相手は探せばたくさんいます。

さらに精神疾患や神経発達症などが背景にありそうな場合は、精神科も相談相手として挙げられるでしょう。

ちょっと知っておいてほしいことですが、各種の相談機関は、日常的に数多くの相談を抱えています。ですから他の相談と比較して、問題が切迫していないと判断された相談は後回しになりがちです。だからこそ暴力が深刻であれば、その深刻さを包み隠さず、丁寧かつ粘り強く説明しなければなりません。そしてすぐに動かなかったからといって、あきらめずにしつこくアプローチしてください。

なお、暴力行為が著しく、問題行動が切迫している時は、警察にきちんと事情を話して相談することで暴力行為を抑制できることがあります。わが子のことを警察に電話するなんて、わが子を犯罪者にするようで気が引けると思います。しかし、それはまったく逆です。暴力が本格的な傷害事件に発展する前に相談することで、子どもが犯罪者になることを防止できるのです。そもそも警察も子どもをいきなり犯罪者にしたいなんて考えていません。私の経験からいうと、非行の子どもの対応に慣れた警察官の中には、荒ぶる子どもの話を、実に巧みに聴いて、今後の支援へと繋げてくれる人も少なくないようです。

いずれにしろ暴れる子どもと向かい合う際には、そのことを誰にでも相談する覚悟を決めること、すなわち〝腹を据える〟ことが大切だといえるでしょう。

3　暴れている場面での対応手順

ここからは、今まさに目の前で子どもが暴れている時に、周囲の大人はどう対応すればいいのか、順を追って述べようと思います。

(1)　子どもを抑えるだけの〝戦力〟を整える

まず、最初にすべきことは、暴れている子どもを物理的に制止できる状況であるか、見極めることです。そして、子どもの体格や腕力などを見極めて、子どもを制止できるだけの人数をそろえます。

もし自らが柔道の有段者で腕に覚えがあったとしても、できるだけ多くの人数を集めたほうがいいようです。それは、どうしても一対一だと、子どもを抑え込まなければならないような場面で無理な力を加えがちで、不慮の怪我が発生しやすくなるからです。また、子ども自身も多くの人数を目にすると、暴れても仕方ないと、暴れることを自らやめることが少なくないからです。

加えていうと、暴れている子どもの対応においては、その子どもに直接向かい合う大人だけでなく、何があったのか周囲の状況を把握する作業にあたる者や、問題に対応するために外部と連絡を取ったりする役割を担う大人も必要となります。だからこそ、多くの人を呼ぶ必要があるのです。

ちなみに精神科では、暴れている高校生の男子が一八〇cmを超える身長だったり、空手の有段者だったりすることもあるのですが、そのような際は、病院中の男性職員が一斉召集をかけられるようなこともあります。集まる際には自分のメガネやネクタイ、さらに名札やペン、ケータイなどは怪我や破損防止のため外しておきます。

家庭内で対応する場合、母親一人で対応しなければならないことがほとんどだと思います。しかし、母親だけで暴れる子どもに対応することは、基本的には無理です。ですから、わが子であっても、「このままだと殴られる」「怖い」と感じた際には、きちんと家の外に逃げてください。そしていったん間を取り、父親、親戚、友人、警察などとともに自宅に戻るか、電話で「落ち着いたら家に戻るけど、そろそろ落ち着いた？」などと子どもに連絡を入れ、様子を確認してから帰るといいでしょう。

(2) その場から離し、落ち着ける場所に連れていく

学校や施設・病院などでは人数が集まったら、子どもを抑制し、落ち着ける場所まで連れて

いきます。それは、その環境からくる刺激を軽減するとともに、その子どもを他の大勢の子どもたちから引き離し、その好奇の目から守るという側面があります。

子どもを連れていく際には、ある程度強引に抱え上げなければいけない場合もあるかもしれません。しかしそのような場合でも、本人を興奮させないために、穏やかな口調を保つよう心がけます。決して大声で威圧しようとはしません。もしそうしたならば、子どもは一層暴れ出すでしょう。さらに話しかける大人は一人にして、残りのメンバーは沈黙を保ちます。

もしその子どもが、周囲の特定の大人に対して怒りを向けていたなら、その攻撃の直接的な対象となっている大人はいったんその場から離れるようにしたほうがいいでしょう。

(3) 落ち着くまで静かに待つ

精神科病院の場合は、保護室という危険なものがなく鍵のかかる丈夫な構造の部屋があります。そこを使うようなケースは、「落ち着いたらまた来るね」と伝え、スタッフは全員退室し、子どもの前から姿を消します。そうすると、しばらくはドアや壁を叩くのですが、時間が経てば、子どもは暴れることをやめていきます。

ちなみに精神科において保護室を使用する際は、法律で定められた基準や実施手順に従わなければなりません。単なる罰や見せしめのために使用することは禁止されています。

なお、児童福祉施設においては、子どもを鍵のかかる部屋に閉じ込めることは禁じられています。一般家庭においても、鍵のかかる部屋に閉じ込めることは虐待とされかねない行為です。精神科病院のようにはいきません。

ですから、通常、子どもを落ち着ける場に連れていった後は、暴れ方の程度に応じた一定の抑制を加えつつ、「まずは落ち着こう」と声をかけながら、子どもの力が抜けてくるのをゆったり待ちます。もし暴れること自体は止まっていたならば、抑制はかけずに、口数少なく、静かに子どもの呼吸が落ち着くのを待ちます。

その際に一番気をつけなければならないことは、落ち着きが中途半端なうちから、あれこれ尋ねたり、指導し始めたりしないことです。それをすると、子どもは再度興奮し始めるでしょう。やはり落ち着くにはどんなに短い子どもでも、一時間程度かかります。特に自閉スペクトラム症の子どもであれば、興奮から醒めるのには半日から一日かかることはザラにあります。そのような子どもの場合、暴れていた状況の振り返りは一晩寝て、翌日に改めて行うこともあります。

(4) 事実経過を確認する

子どもが十分に落ち着いたら、本人が暴れるに至った状況を尋ねます。もちろん尋ねる前には、暴れるに至った状況を目撃していた人から客観的な情報を事前に仕入れておきます。

本人の言い分は必ずしもその客観的な事実とは一致しません。それは本人が嘘をついているというよりも、「本人からはこのように見えていた」ということを意味しています。いくらそれが客観性を欠いた偏った見方であっても、最初から口を挟んで、いちいち訂正してはいけません。それでは「こいつもやっぱりわかってくれない」と黙り込むか、再度怒り出してしまう結果に終わるからです。だからこそ、まずは評価を加えない中立的な立場で本人の言い分を聴くのです。

⑸「腹が立った」はOK、「暴れる」はNG

事実関係を把握したら、改めて子どもがそこでどう感じたかを尋ねます。「辱めを受けたように感じて、悔しかった」などと上手に説明できる子どもはまずいません。ほとんどの子どもは「ムカつく」しか言えないでしょう。ですから、そのような際はこちら側から「恥をかかされたように感じたんだね」などと言葉を足します。そうして、子ども自身に「自分はこういう図式で腹を立てていたんだ」と自覚させるのです。

第1部でも述べたように、子どもが感じた気持ちについては何一つ批判しません。人はどんな気持ちでももちうるものです。「その状況だと、腹が立つのも仕方ないことかもしれないね」とそういう気持ちになったことは肯定するのです。しかしそのうえで、暴れるという行動に出たことは決して認めないことを合わせて伝えます。

子どもはいろいろな失敗を糧にしながら少しずつ成長する生き物です。大切なのは、これから先にもきっとある同じような場面で、怒りに任せて暴れるのではなく、どう振る舞えばいいかを会得していくことです。だからこそ「その腹が立った気持ちを〝暴れる〟以外の方法で上手に処理できるようになろう」と伝え、一緒にその方法を考えていきます。

子どもによってはきっと同じ失敗を何度も重ねるでしょう。しかしその試行錯誤に付き合い続けるうちに、子どもが暴れることは確実に減っていくでしょう。

(6) 謝罪させる

これから同じことが起こった際にどう振る舞うかを考えることと並んで、もう一つ大切なのは、今回暴れて迷惑をかけた相手に対して、どう謝罪し、今後どう接していくかを考えることです。殴ったりひどいことを言ったりした相手、怖い思いをさせた周囲の子ども、心配をかけた先生方、壊した施設の所有者など、謝らなければならない相手はたくさんいます。彼らに対して、どう謝罪して責任を取るのか、さらにどう関係を取り戻していくかをともに考えていくのです。

ちなみに謝罪させるのは、罪悪感を味あわせたり、自己批判させたりすることを主な目的にしているわけではありません。謝罪という形で、自らの引き起こした事態に対しての社会的な責任を果たすことを覚えてほしいのです。ですから、謝罪することができた場合には、「よく謝ったね、よしっ」と言葉に出して、その振る舞いを称賛します。

ちなみに暴れた結果が、傷害や過失致死など、法的責任を取らなければならないレベルの問題行動になった場合、その司法的責任については少年法や刑法に基づき取るように促します。実際には精神科に受診している子どもの場合、司法的な処分は見送られることが大半です。それはそれで一つの司法的判断ですし、尊重すべきです。しかし「どうせ裁かれないから」といって、一切を免責し、治外法権を認めるような姿勢で挑んではいけません。少なくとも、暴れるという行動の結果によっては、司法機関が関与しうることなのだという認識を子どもにもってもらうことが大切なのです。

第3章　子どもの褒め方

「子どもは褒めて育てましょう」

子どものしつけといえば、とにかく厳しさが強調された時代はもはや彼方に過ぎ去り、現代日本においては、子どもは褒めて育てるものだという認識が広まっています。

しかし、この褒めて育てるということは、なかなか容易なことではありません。たいして勉強もせず、テレビばかり観ているわが子をどう褒めればいいのやら、途方に暮れることもあるでしょう。さらにその子がたまに気まぐれで勉強したからといって、急に大喜びして褒めちぎるのでは、ドラマに出てくる典型的なバカ親キャラです。「この程度の頑張りでいいんだな、ちょろいちょろい」と子どもも勘違いしてしまいそうです。また、子どもによっては「この程度で褒められるなんて、バカにするな」「俺は期待されていないんだな」と逆に拗ねるかもしれません。

さらに、子どもの行動に目を配り、心を配り、いい行動を見つけたならば、隅から隅まで褒め続ける〝ザ・賢母〟も子どもにしてみれば息苦しいものです。しかも、褒められ続けていないと不安になる子どもに育ちそうな気がします。

このように子どもを褒めるのも結構悩ましいものです。そこで、本章では有効な褒め方について述べていこうと思います。

1　何のために子どもを褒めるのか？

褒め方を考える前に、まずそもそも、褒めることにはどんな意味や効果があるのかを整理しましょう。

(1)　何が望ましい行動なのかを教える

一つ目は、世の中において何が望ましい行動とされているのかを示すことです。

「いいことをしたら褒める」

「勇気のある行動を褒める」

「礼儀正しい振る舞いを褒める」

このようなことを褒めることで、大人の価値観や美学が子どもに伝達されていきます。

もちろんこの機能は、「悪いことを叱る」という行動とセットです。

⑵ 子どもに自信をつける

もう一つの大切な意味は、子どもに自信をつけることです。

この〝自信〟には二種類あります。

一つ目が「自分は物事を成し遂げることができるんだ」という〝自己効力感〟です。この自己効力感は、今までの生活の中で、実際に子どもが成し遂げてきた実績に裏打ちされることで獲得されていきます。言うまでもなく、

「運動会の一〇〇m走で一位だった」

「名門難関中学に合格した」

「サッカーのアジアユース代表になった」

などの輝かしい体験は自己効力感を高めます。また、

「長い時間と膨大な手間をかけて、素晴らしい作品を作り上げた」

「腹筋運動を毎日五〇〇回して、腹筋を六つに割った」

「痛む身体に鞭打って、富士山に登った」

などのように、なみなみならぬ努力をあきらめずに重ねることができたという経験も自己効力感を高めるでしょう。さらに、

「クラスの応援団長として活躍した」

などのように、集団を率いた体験も自己効力感を育てます。

この自己効力感に並んで、もう一つ大切な自信は「特に根拠があるわけではないけれど、とにかく自分はかけがえのない存在なんだ」という〝自己肯定感〟です。この自己肯定感はいわば〝根拠のない自信〟とでもいうべきものです。特別なことができるわけでもないし、すごいことができるわけでもないのに、そんな自分のことをいいものとして認めることができるというわけですから。

実はこの感覚は、まだ赤ちゃんだった頃に培われます。幸せな家庭に生まれた赤ちゃんは、ただ生まれ落ちただけなのに、「あら、かわいい」と、嬉しそうな周囲の大人により、次々と抱き上げられます。さらに赤ちゃんが自分で手足を動かせることを発見して、自らの好奇心に従ってヨタヨタ立ち上がれば「立った、立った」と周囲は大騒ぎ。そして聞き慣れた声を真似して、何やら「ダーダー」と声を出せば、周囲の大人は狂喜乱舞です。

赤ちゃんにしてみれば、これらの行動はどれ一つとして、大人を喜ばせようと思ってしたわけではありません。ただわけもわからず、動き、声を出しただけです。それなのに妙に喜ばれる。そんな中で、「自分という存在は別に何ができるわけでなくとも、そこにいるだけで望ましい存在なのだ」という自己肯定感が育っていくのです。

これらの自己効力感と自己肯定感は、いずれも生きていくにあたって、子どもの拠りどころになる大切なものです。

しかし第1部でも述べたように、子どもの自信は、思春期を迎え、社会の現実と向かい合う中で大きく揺らぎます。もはや幼い頃のように自分自身の力を盲信できなくなるのです。だからこそ、大人は子どもの状況やタイミングを見計らい、褒めるという行為を通じて、そのグラグラと揺らいだ自信を補う必要があるのです。

2　自己効力感を高める褒め方

ここからは、まず自己効力感を高める褒め方について述べていきます。

(1) 本人が達成できた結果を褒める

自己効力感とは「自分は物事を成し遂げることができるんだ」という感覚なのですから、当然何かを達成できたという体験がある程度必要です。そして自己効力感は、褒めたからというよりも、その達成できたという事実そのものによって高まるという性質をもちます。おそらく周囲の褒め言葉は、本人が自ら感じた自己効力感を強化するといった程度の役割しかもちません。ですから、もし子どもが何事かを成し遂げて、その達成感に満足そうな顔をしていたら、声高には褒めず、一言、「よくやった」と言う程度で構わないと思います。もしかしたら言葉に出して褒めずとも、周囲の大人は嬉しそうな表情を見せるだけで十分かもしれません。

この褒め方を用いる際に気をつけなければならないのは、子どもが「この程度はできて当たり前だ」と感じていることをあまりにおおげさに褒めないことです。もしおおげさに褒めたならば、子どもは「この程度で褒められるなんて、俺は見くびられてるんだなあ」「その程度だと思われているんだな」と不愉快になります。やはり子どもの達成感がどの程度かを見極めて、それに見合った褒め言葉をかけることが必要になるのでしょう。

また、達成できたことを褒めるというこの方法には、もう一つ副作用があることも知っておかなければなりません。それは「できたら褒める」だけが繰り返された場合、「できなくなった奴は、ダメな奴」と考えるようになりがちだということです。これはつまり、自己効力感を高めようとして褒めているうちに、自己肯定感を低めることがあるということを意味しています。「できた時だけ褒める」というのは、こういう危険性を孕んでいるのです。

(2) 努力を褒める

結果を褒めるより、副作用が少なく使いやすいのは、子どもの「努力を褒める」ことです。これは、努力の甲斐なく、結果を出せなかった子どもにも使えますが、試合に負けた直後などに使うのはあまりいい方法ではありません。それでは単なる慰めに感じられてしまいます。やはり、努力を褒める際には、結果などが出る前のタイミングで伝えるといいように思います。また、大勢の前で努力をことのほか褒められるのは、思春期の子どもにとっては気恥ずかしいものです。ですから誰も他にいない時に、こっそり褒めるほうがいいでしょう。もちろん子どもがたいした努力もしていないうちから褒めたってダメなのは言うまでもありません。

努力を褒めることの亜型に「継続できたことを褒める」という方法があります。一時の熱情で何かを成すよりも、一つのことを実直にやり続けることの難しさと価値を大人はよく知っています。だからこそ、人知れず何かを黙々と続ける子どもに時に光を当てて、その振る舞いを褒めることが望ましいのです。

(3) 子どもがしたことに感謝する

子どもの自己効力感を高めるために最も有効なのは、子どもがしたことに「助かった」と感謝することです。この方法は「自分は他人を喜ばせることができる」という形で自己効力感を高めます。

よく小さい子どもに「お手伝いをさせましょう」といわれますが、その際に「これはお前の家庭における社会的な役割だ、やれ！」と指示してやらせるだけでは、いやいや働くだけの子どもに育つ気がします。それよりも、親の仕事を手伝うことで「助かったわ、ありがとう」と感謝してもらえる体験が子どもの自発性を高めて、自己効力感を育てるのだと思います。

自己効力感を高めるには、これらの〝褒める〟という方法以外に「うまくいった手本を見せる」という方法があります。要するにやり方を教えることで「自分にもやれそう」と感じさせるやり方ですが、これは有効です。

さらに「成功談を聞かせて、成功イメージを高める」「やれると何度も言い聞かせる」という方法もあります。これらはオリンピック選手などが試合前に用いる方法だそうですが、精神科に来るような悩める子どもにはほとんど無効です。なぜなら、それなりに過去に輝かしい経歴をもつオリンピック選手と異なり、彼らの自己肯定感が低いからです。

自己肯定感が高い人は「やれる」と言い聞かせるうちに、その気になるのでしょうが、自己肯定感が低い人は「嘘だあ」「他人はそうかもしれないけど、自分なんかじゃダメに決まっている」と、逆にどんどん後ろ向きになります。

だからこそ、悩める子どもに対しては、次に述べるように自己肯定感を高める作業が不可欠なのです。

3　自己肯定感を高める褒め方

私が、精神科医として出会う子どもの大半は、現実の困難な状況を前にして挫折し、自己効力感や自己肯定感を大きく損なっています。彼らは残念ながら、同級生と比べた時に、誇らしく思えるものをあまりもっていません。そして今後も、少なくともしばらくは、万人に認められるような成果を上げられそうにありません。つまり、自己効力感をもてそうな状況にはないのです。

そんなつらい状況を乗り越えるために大切なのは、「自分という存在は別に何ができるわけでなくとも、そこにいるだけで望ましい存在なのだ」という自己肯定感です。もちろん、それを育てることは並大抵のことではありません。ただし、褒めるという作業を重ねることで、ほんの少しではありますが、自己肯定感を高めることができます。ここからはそんな自己肯定感を高める方法について述べます。

(1) ただそこにあるものを褒める

先に、自己肯定感は、赤ちゃんが親を喜ばせようとしたわけでもないけれど、そこにただいるだけで喜ばれるという経験の中で培われることをお伝えしました。そのような経験は思春期にもなればあまりなくなり、頑張って成果を上げたことだけが褒められがちです。しかし、それでは自己肯定感は育ちません。

そこでまず、本人が努力したわけでもなく、ただもっているに過ぎない部分を褒めるという方法をお勧めします。

たとえば「背が伸びたねえ」とか「あなたの声は味があるねえ」と言うのは男女問わず、使える方法です。また男の子ならば「お前、肩幅しっかりしてきたな」「血管の浮き出た感じがごつごつしてカッコいい手だな」というのも悪くないように思います（女の子には禁句ですのでご注意ください）。

(2) 褒められるなんて思っていないことを褒める

子どもの側にしてみれば、何かを頑張った時に褒められたり、自分が自信をもっている部分を褒められたりしても、まさに予定調和で今さら、自己肯定感は増えません。

自己肯定感を増やすためには、子どもが「そこを褒められるなんて思いもよらなかった部分」を不意打ちのように褒める方法があります。

そういった意味で、私が今でも「これは会心の褒め方だった」と覚えているエピソードがありますので紹介します。

施設に入所していたその女の子は、毎週叱られるようなことばかりしていました。悪さばかりなのです。診察のあったその日も、きっと主治医である私に叱られるであろうと想像していたのでしょう。彼女は診察室に入る際に「失礼しまーす」と言い、お辞儀をしたのです。

ふと見ると、その腰の屈め方は実に見事でした。お辞儀の角度が見るからに完璧だったのです。そこで私は彼女を褒めました。

「あなたのお辞儀の角度は素晴らしいね」

叱られると思っていた彼女は破顔一笑。その後、何度かお辞儀を繰り返して見せてもらって、その日の診察は終了。彼女はそれからも私を見るたびに、いつもその見事なお辞儀を見せてくれました。

彼女は施設を出てから、仕事に就いてはすぐに辞めることを繰り返しました。しかし驚くことに、辞めても辞めてもすぐに次の仕事にありつくのです。私はおそらくあのお辞儀の角度で面接官を虜にして、仕事をゲットしているのだろうとこっそり信じています。

この褒められると思っていないところを褒めるというパターンの亜型には「褒められるなどと思ってもいないタイミングで褒める」というのもあります。

たとえば、奥様方にしてみても、食卓で「この料理、うまいね」と褒められるより、その日、寝る直前にふと夫が「ああ、今日の夕食うまかったなあ」としみじみつぶやくのを耳にしたほうが、なんだかじわじわ嬉しいはず。それと同じことです。

(3)「そこにないもの」を褒める

一所懸命に考えて、子どもの褒めるところを探しても、残念ながら褒めるところが見当たらない場合、腹をくくって、子どもがもっていないところをあたかもあるかのように褒めてしまう方法もあります。

たとえば、「君はちょっとした仕草に品がある」とか「よくわからないけど、なんか光るものを感じる」などと誠心誠意、繰り返して言ってみるのです。本当はそんなものはなくたって構いません。しかし何度も言われているうちに、子どもは「よくわからないけど、自分にはそういういいところがあるのかな?」とその気になっていきます。大人だって「先生、先生」と言われているうちになんとなく先生っぽくなっていきますが、それと同じ原理です。

⑷ あなたと過ごす時間が嬉しいと伝える

自己肯定感を育てるための褒め方をここまで三つ述べてきましたが、結局、これらに増して有効なのは、その子どもと過ごしている時間が大人である私自身にとって、理屈抜きに嬉しいことである感じが、いちいち口に出さなくても伝わることです。

この子どもがかわいい、あなたといると心地いい、幸せな気分になる、嬉しい、楽しい……表現はいろいろありますが、結局、その子どもの存在自身が私にとって望ましいことなのだという感じが、子どもに伝わることこそ、子ども自身が自己肯定感をもつための鍵なのです。

子どもが不登校になったり、いろいろな問題行動を起こしたりすると、どうしてもこのようなポジティブな感覚を子どもに対してもちにくくなります。そして、その気持ちは言葉や態度でひしひしと子どもに伝わり、子どもの自己肯定感を減少させます。

だからこそ、子どもが問題を起こした時こそ、その子どもと過ごす時間が少しでも心地いいものになるように心がけるのです。

子どもがうまくいかない時に、「子どものいいところに目を向けましょう」とか「ありのままの子どもを受け入れましょう」などとアドバイスされることがあると思います。それは一見きれいごとに思えますが、子どもと向かい合う大人の、子どもに対する姿勢を前向きな形に安定させることで、結果的に子どもの自己肯定感を減らさないための工夫なのです。そして、その自己肯定感を支えに困難な事態を生き抜くことを期待しているのです。

第4章　子どもの叱り方

子どもは成長する過程でいったいどれだけ叱られることでしょうか？

「ほら、早く寝なさい」

「ゲームばかりしないの！」

家の中では、母親が迫力みなぎるハイトーンボイスで咆哮し、

「早くしろ！」

「もう少し静かにしないか！」

街ではこめかみに青筋を立てた父親が怒りに身を震わせています。

幼い子どもはそのたびにビクッとその身を縮ませ、叱る大人の顔色を黙って上目づかいにう

かがいます。

叱る大人とのたび重なる戦いを生き抜いてきた中学生ともなると、「うるせえ！」と反撃を試みる者、ドアを壊れそうな勢いで荒々しく閉めて威圧する者、沈黙という鉄壁防御作戦に打って出る者などが出現します。そして、反乱軍と化した子どもと、戸惑う大人の戦いは、子どもが思春期を終えるその日まで、何度も繰り返されるのです。

思春期の精神科臨床では、子どもを叱らざるをえない局面がたびたび訪れます。

彼らは入ってはいけない病室に入り込み、騒いではいけない時間帯に騒ぎたてます。そして「壁を壊しました」「スタッフを叩きました」「お菓子を盗みました」「タバコを持ち込みました」などといった問題行動が起こるたびに、主治医は「どうにかしてください」と看護師から懇願されるのです。

精神疾患は叱っても治りませんし、そもそも精神科医は「お説教」の方法を医学部で学んでいません。

「叱るのは医療の役割ではない」と割り切って、社会的常識やマナーに反する振る舞いを行った子どもにすぐさま病棟からの退去を命じれば、その病棟の秩序は保てるでしょう。「悪いのはルール違反をした子どものほうだ」とうそぶいて、子どもを切り捨てるのは簡単なのです。

しかしそれは、裏返せば、治療が必要な子どもへの治療を放棄することに直結する行為ともいえます。やはり、そう簡単に子どもを病棟から追い出していいわけではないのです。

加えて病棟には、病気や先天的な特性によって衝動的な振る舞いを繰り返してしまう子、判断力の乏しい子、社会で生きるためのルールをよく知らない子、対人関係のあり方を間違えて覚えてしまった子などが混在しています。だからこそ精神科医は、ルールに反する問題行動を繰り返す彼らに対して、その行動の背後にある個別の事情にも配慮しつつ、その都度「叱る」という行為を通じて、なんとか彼らが社会で生きていけるための術を伝えていかなければならないのです。

しかし、叱られるのは子どもにとってはいやなことです。当然、彼らは反発し、大人と子どもの間には強い緊張感が生じます。下手な叱り方をすれば、イライラした子どもは逆に問題行動を激化するかもしれません。だからこそ、叱るのには褒めること以上に工夫や配慮がいるのです。

本章では、この「子どもを叱る」という問題について考えていきましょう。

1　何のために子どもを叱るのか？

最初に「叱ることの意味」を述べようと思います。

(1)「教える」ために叱る

一つ目は「教える」こと。

生まれたばかりの赤ちゃんを無垢な天使と表現することがあります。しかし、彼らは本能のままに生きる、無遠慮で野蛮な動物に過ぎません。その彼らを複雑かつ緻密なルールが張りめぐらされた社会の中で生きていける存在へと成長させるものが教育であり、しつけです。

彼らは叱られる中で、何が良いことであり、何が悪いことなのかを学ばなければなりません。さらに、世の中には曖昧な決めごとがたくさんあります。代表格はマナー。食卓での振る舞い方、冠婚葬祭でのしきたり、目上の人に対する言葉遣い……。数え上げれば切りがありません。これらを知らなければ、その子どもは一生、一人前として扱われることはないでしょう。だからこそ、マナー違反をした際は叱るべきなのです。

善悪やマナー以上に難しいのは、対人関係のあり方。

自分も他人も間違っていない、両方正しいのだけど、残念ながら価値観や興味が違うため、意見が折り合わない、といった場面でどう振る舞うかは、大人であっても難しいことです。ですから、子どもはケンカしたり、いじめたり、自分勝手としかいいようがない振る舞いを見せたりします。そこを大人が叱り、どのような対人関係のあり方が望ましいかを示す必要があるのです。

さらに、生きていくにあたって、「生き方の美しさ」が問われる場面があります。もちろん、それがなければダメというわけではありません。「他人に迷惑かけてないからいいでしょ！」と言う人は大人でもたくさんいます。しかし「迷惑はかけていないが、それは品格に欠けた行為だ」と叱ることを通じて、あるべき人としての姿を伝えることもまた必要なことなのです。

(2)「怒りの扱い方を示す」ために叱る

二つ目の叱る意味は、「怒り」という感情の取り扱い方を子どもに示すことです。

子どもを叱る際に悩む大人は少なくありません。それは子どもとの関係が悪化しないか不安だったり、「このくらいは許したほうがいいのかなあ、それとも叱るべきなのかなあ」と自分の価値観に自信をもてなかったりするからです。

さらに、同時に湧き上がる怒りという感情自体への嫌悪感や罪悪感が叱ることを難しくします。

怒りは宗教的にいうと、キリスト教では七つの大罪に含まれ、仏教では「むさぼり」「おろかさ」と並んで三毒の一つとされているそうです。そして、この〝怒り＝悪いもの〟という価値観は私たちの文化の中に深く根づいています。

店員に文句を言う客を見ると、それが正当な苦情でも、どこかうんざりした気分になりませんか？　自分が文句を言った場合も、後からいやな気持ちが残りませんか？　やはり私たちは怒りを嫌悪しているのです。

しかし、実は怒りにもいい側面があります。たとえば正義感は、不当な振る舞いをする者への怒りから生まれます。歴史をひも解けば、民衆の怒りが社会改革の原動力となった例はいくらでもあります。そう考えると、怒りもそう悪いものではありません。

人間が人間である以上、怒りの感情から逃れることなどできません。怒りは、喜びや悲しみなどと並んで、人間がもつ自然な感情の一つなのですから。

いくら抑えようとしても、湧き上がるのが怒り。だからこそ、その怒りを排除するものではなく、避けがたい自然な感情として、どう付き合うかを教える必要があります。

ちなみに、喜びや楽しさといった「良い」とされる感情は表現しやすいものです。その気持ちの高ぶりを露わにすることで、周囲に傷つく人がいないかどうかという点にだけ配慮すれば十分でしょう。

しかし、怒りのように「悪い」とされる感情の扱いはそう単純にはいきません。だからこそ、経験の乏しい思春期の子どもたちは、その取り扱いに苦しむのです。

精神科を受診する子どもの中には、怒りをうまく処理できず、身体症状や抑うつとして表現している者がいます。またある者は、怒りを心の中の鍵のかかった部屋の中に無理やり押し込んで凍りついたような作り笑顔を浮かべています。そしてまたある者は、怒りのおもむくままに暴れ、他人や物を傷つけます。

だからこそ彼らに、怒りの正しい取り扱い方を教えることが必要とされるのです。

取り扱い方のポイントはたった二つ。

一つ目は、コントロールを失うほど溜め込む前に表現すること。

二つ目は、言葉で表現すること。

ただ我慢するだけでは、心の中の怒りはやがて発酵し、膨張し、よりドス黒いものへと変質してしまいます。そして、自分自身では抑えきれないほどの激しい感情となって、「うるせえ！」とほとばしりかねません。

だからこそ、子どもが不満を感じた際には、ただじっと我慢させるのではなく、「それはいやだ」「先生の言うことはおかしい」と言葉に出して主張する機会を与えたいのです。そして、子どもの感じた不満を頭ごなしに否定するのではなく、きちんと聞いたうえで、大人の考えを説明したいのです。

大人が子どもを叱る場面は、大人が怒りをどのように処理しているか、子どもに直接見てもらう絶好の機会となりえます。

そこで、もし大人がすぐに殴れば、怒りは暴力で処理すればいいと子どもは学ぶに違いありません。また「あなたのような人は知らない、好きにすれば！」と投げ出せば、思い通りにならない時は無責任に投げ出せばいいと学ぶでしょう。やはり、湧き上がる怒りを暴発させないようにこらえながら、言葉で物の道理を粘り強く伝え続けることこそが大人に求められる態度なのです。

(3)「繋がる」ために叱る

叱る意味の三つ目は、子どもと繋がることです。

言うまでもなく、子どもとの絆を構築するために大切なことは、他にもたくさんあります。叱ることの役割は決して大きくありません。しかし、どうしても叱らなければならない場面においてなされるその行為が、子どもとの繋がりを構築することもあるのです。

時に、子どもの苦悩を汲み取り、その苦悩を少しでも和らげようという意識が強すぎて、子どもが何をしても受容的な対応にとどまっている人がいます。「この子はとてもつらい思いをしているから、問題行動よりも心の奥底の苦しさを理解しようと努めることが何より大切」というのが彼らの主張です。その姿勢には頭が下がりますし、その熱心な関わりにより支えられている子どもも数多くいるのでしょう。

しかし、第1部でも述べた通り、思春期の子どもは、アイデンティティを確立する過程において、「自分は社会の中で受け入れられるだろうか」ということを必死で確認しようとしています。自分の言動を、すでに自分より先に社会に出ている目の前の大人がどう感じているのか、その大人の表情や態度から必死で読み取ろうとしているのです。

だからこそ、子どもが自分自身でも「きっとこれはダメだよな」とわかりつつも問題を起こしたような場合に、大人が何事もなかったかのようにいつもと変わらぬ笑顔で接すると、子どもは混乱し、強い不安に駆られます。自分自身が感じている「ここから先はダメ」という基準が急に揺らぎ、心細くなるからです。

そして、心の中には「自分は見捨てられてしまったのではないだろうか」という強い不安が湧き起ってきます。

実際の臨床において、こんなことがありました。ある入院中の女子高生が久しぶりに自傷しました。「何がきっかけで自傷したのか」という私の問いに、彼女は「先生が叱らなかったから」と言いました。実は彼女は三日ほど前に、看護師の制止を振り切って病棟を抜け出し、タバコを吸うという問題行動を起こしていました。しかし、私はそのことを十分把握しておらず、その後の診察で話題にもしていなかったのです。彼女は「もう見捨てられたと思った、悪いことばかりしているから当然よね」と語りました。

彼女にとって「悪いことをしたらきちんと叱ってもらえる」というのが、治療者との間を結ぶ絆となっていたのです。叱られなかったことで、彼女はその絆がほどけたように感じたのでしょう。私は把握できていなかったことを素直に謝罪し、改めて本人と問題行動について話し合い、再度、一緒に治療に取り組んでいくことを確認したのでした。

ちなみに、思春期の子どもの問題行動はそう簡単にはなくなりません。特に精神科や福祉の現場では、何年にもわたって、同じような問題行動を繰り返し続ける子どももいます。ザルに水滴を垂らして水垢が溜まるくらいのスピードでしか変化しない彼らに関わり続けるのは、相当なエネルギーがいる作業なのですが、それでも丁寧に問題を指摘していく中で彼らと「繋がり続けていく」と少しずつ変化の兆しが現れます。

あきらめないことが肝心なのです。

なお、私が診察の中で叱る際に、通常のやりとりに比べると、言葉を飾りすぎず、選びすぎず、一歩踏み込んで想いを語ることが、たまにあります。実は、そこには多少の計算や演出も加えているのですが、子どもは日頃、白衣を決して脱がず、自分との距離を意識的に保っている私の人間としての素の部分を垣間見た気になるようです。そして、そこに繋がりを感じ取っているようです。

念のため言っておきますが、大人との絆を確認するために、わざわざ問題を起こす子どもになっては本末転倒です。ですから繋がるために叱る場合は、回数を増やしすぎず、場面を厳選しなければならないことには留意してください。子どもとの絆を結ぶために、わざわざ叱らなくてもいいことまで叱ろうと勧めているわけではないのです。

(4)「その場の秩序を保つ」ために叱る

ここまで「叱る意味」を三つ示してきました。しかしそれ以外にも、大人がつい期待してしまうことがあります。

それは「ただちに静かにさせる」「急いで行動させる」「その場のルールに今すぐ従わせる」など、瞬時にその場の秩序を回復することです。これらは「その場の状況を改善する」ことに叱る目的があります。

たとえば、電車で騒ぐ子どもに「静かにしなさい」と叱る時、大人がそこでまず求めるのは、電車で静かにする意味を理解させることではなく、ただちに行動を改めさせて、周囲の白い眼を回避することです。

残念ながら「電車の中で騒ぐのはよくないことだ」と子どもが十分理解するまで、その行動は繰り返されます。そして、なぜ騒いではいけないのかを十分に説明する時間は電車の中では取れません。車窓から次々現れる景色に気を取られる中で話し合っても、うまくいくはずもありません。

もちろん、そこで圧倒的な暴力や恐怖を用いれば、一時的に黙らせることはできます。場の秩序は保てます。しかし、そこから恐怖が去り、歯止めとなる人物の姿が見えなくなったならば、その子は今までの鬱憤を晴らすかのように、ますます騒ぐことでしょう。

結局、「秩序を保つために叱る」ことによって得られる効果は一時的なものに過ぎないのです。

ちなみに、その場でできることはせいぜい「静かにしなさい」と短く述べ、一瞬黙ってもすぐに再度騒ぎ出す子どもに対し、効果は薄いことを自覚しながらも時折、「静かにしなさい」と言葉を重ねる程度のことです。

なお、幼い子どもであれば「静かにしなさい」と命令するよりも、もう少し知恵を絞って「どのくらい息を止められるか、お母さんと競争しよう」とでも言っておいたほうがいいように思いますが。

2　叱る前に気をつけるべきこと

「まったくなんてことするんだ!」

腹を立てて子どもに怒鳴りつける前に大人がしなければならないことが一つあります。

それは「子どもを叱りたい衝動に自分を駆り立てているものは何なのか」を把握することです。たしかに腹を立てるきっかけを作ったのは子どもです。しかし、そのことに腹を立てているのは大人である自分のほう。当然腹を立てるかどうかは、大人側の事情や気持ちに大きく左右されます。

大人が子どもに腹を立てやすくなる状況には一二のパターンがあります。

(1) どう対応したらいいかわからない

子どもが起こした問題にどう対応するのが正解なのか、わからない場面に大人はたびたび遭遇します。ひきこもって学校に行かない子どもに「行け」と言ったほうがいいのか、それともそっと見守ればいいのか？　イライラして暴れている息子にどう声をかけたらいいのか？　話しかけても、まともに返事もしない娘とどう話せばいいのか？　とにかくわからないことだらけです。子育て本を読んでみても曖昧模糊としていて肝心なことはわからず、専門家に相談してもなんだかピンときません。自分なりに接してみようと思うものの、いざとなると、その対応でさらに事態の悪化を招きそうで不安です。

本当はなんとか子どもの力になりたい。でもどうしたらいいかわからない。そんな時に、私たちの中には必要以上に怒りがフツフツと湧いてきます。そして、その怒りが子どもへの叱責に形を変えるのです。

(2) 今後どうなるのか不安

たいして具合は悪くなさそうなのに「学校を休む」と言うわが子。心配性な母親はすぐに「不登校にならないかしら」と考えてしまいます。その気持ちが先に立つと、「どうして学校に行きたくないの?」と普通に尋ねることもしないまま、頭ごなしに「学校に行きなさい!」と子どもを叱りつけるかもしれません。

不登校になった中学生の息子に「ゲームなんかやめなさい」と言っては親子ゲンカばかり繰り返している母親が診察室で言いました。

「先生、私が死んだ後、この子はどうなるでしょうか」

彼女はそう言いながら、こぼれそうになる涙をそっとぬぐいました。

目の前の彼女はどう見ても四〇歳を少し超えたくらい。つまり彼女が心配しているのは、女性の平均寿命を考慮すれば四〇年後の未来です。そんな先のことを気にしても仕方ありません。しかし彼女は心配でたまらなかったのです。

実は、もともと彼女は、子どもがゲームをすることなんか気にも留めていませんでした。しかしいざ不登校となり、将来への不安が生じた頃から、平然とゲームをする子どもの姿がもどかしくて仕方なくなったのです。そして、母親の不安は「ゲームなんかやめなさい」という言葉にいつの間にか置き換わっていたのです。

(3) 結果を焦っている

一所懸命な親や教師ほど、早く子どもを立ち直らせたいと願うものです。しかし、子どもはそんな周囲の願いを知ってか知らずか、ちっとも立ち直る気配を見せません。

ある教師が私に電話をかけてきました。

「いくら病気があるとはいえ、この子はこのままでは社会で通用しません。あと一年足らずで卒業です。もう少ししっかりするように厳しく言わなくていいんですか！」

その発言は、子どもの将来をよりよいものにしたいという教師としての強い責任感に溢れていました。とても熱心な先生なのです。「あとたった一年しかない高校生活の間になんとか子どもを成長させたい。でも、もう時間がない」という焦りを責めることは誰もできません。

しかし、その子どもはまだ退院したばかりで無理がきかない状態でした。私は「先生のお気持ちはもっともです。ただ、残念ながら、今慌てて急に厳しい対応を取ったら、きっと病気が再発します。お願いですから、今まで通りの対応を継続していただけないでしょうか」と答えるしかありませんでした。その教師はどこか承服しがたいといった口調でしたが「わかりました」と言い、電話は終了しました。

きっとその教師だって「今は仕方がない」と頭ではわかっていたのです。ただ、このままでいいのかという焦りが彼の頭の中には激しく渦巻き、それが承服しがたい口調となっていたのだと思います。焦りは怒りを引き起こすのです。

(4) 自分の無力さを痛感している

思春期に入り、子どもはもはや親の言うことを素直に受け入れる存在ではなくなりました。あれほど言ったのに、親がダメだと言ったことを繰り返し、「わかった、後でするよ」と言ったのに、いつまで経っても実行に移される気配はありません。まさに暖簾に腕押し、糠に釘。いくらこちらが心を込めて粘り強く関わっても親の心子知らずで、子どもの行動は改まりません。

このようなやりとりを繰り返すうちに、大人の心の中には「子どものことを変えることができない無力感」が次第に蓄積されていきます。そして、その無力感はある言葉に転じます。そう、その一言は「親をバカにするな」。

親が自信に溢れている時であれば、子どもから少々バカにされても平気です。痛くもかゆくもありません。しかし、親としての無力感を強く感じている時は、子どものちょっとした言動に腹が立ちます。無力な自分を見下しているように感じてしまうからです。

ちなみに精神科において、問題行動がいっこうに改まらない子どもに対して「この子どもは入院治療の対象外じゃないですか？」との不満がスタッフの中から湧き上がることがあります。このような不満は、治療がうまくいっている子どもに対しては出ません。不満が出るのは、一所懸命関わっても治療効果が上がらない子どもです。たいていそんな子どもは病状が悪く、問題行動が激しいわけですから、入院継続が必要な場合が多いでしょう。しかしなかなか回復せず、懸命の関わりが奏功しないことによるスタッフ自身の無力感が「入院治療の対象外じゃないですか？」という発言にすり替わっているのです。

(5) 子どもに対する後ろめたさを抱えている

親はたいてい、わが子に対して多少の後ろめたさを抱えているものです。なぜなら、子育ては予期できないことの連続であり、どんな親だって、「あの時、こうすればよかった」と後悔の一つや二つあって当たり前だからです。

「幼い頃に十分関わってあげることができなかった」

「弟ばかり手をかけて、この子はいつも後回しだった」

「離婚して、迷惑をかけた」

というあたりが最もよく耳にする話。他にも、

「いじめられていたのに、気づいてあげることができなかった」

「病気の兆候に気づかず、子どもを追いつめてしまった」

という後悔を語る人もいます。中には、

「母乳が出なくてミルクで育ててしまった」

などと、本来悔やむ必要などないことを負い目に感じている母親もいます。

このような後悔を自ら語れる人は、まだマシなのかもしれません。私は、時に強い後ろめたさを心の中に秘めてじっと苦しんでいた人に出会うことがあります。

子どもを虐待してしまうと語ったある母親は、私に語りました。

「私はずっと『なんで生まれてきたのかねえ、女の子はいらなかったのに』と言われ続けて育ちました。小さい頃から一度だって親に弁当を作ってもらった経験はなかったし、運動会だって親が来ることはなかったんです。そんな私がなぜか今、親になっている。夫も優しいし、子どもも『お母さん、大好き』といつも言ってくれます。それが苦しい。どうしても私は、こんな私が親でいいんだろうかと思えてならないんです……」

彼女はどうしても自分のことが好きになれない人でした。そして、こんな愛されたことがない自分が親となっていることに違和感を抱えて生きていました。なんとか〝いいお母さん〟で

あろうとはしたのです。しかし、子どもが彼女を「お母さん、大好き」と慰める時、彼女の中に湧き上がる申し訳なさは最高潮に達し、そして彼女は泣き叫び、子どもを突き飛ばしてしまうのです……。

このように、子どもに対する後ろめたさが逆に子どもへの怒りに転じることがあるのです。

(6) 強い孤独感がある

「寂しい」

この想いは母親の心を掻き乱します。

以前、社会福祉法人子どもの虐待防止センターが行った調査において、ほぼ一〇人に一人の母親が、子どもを「たたく」「泣いていても放っておく」と回答しました。特に「夫が非協力的」と感じている母親の場合、五人に一人に倍増していました。

このように孤独を感じている母親は子どもに腹を立てやすくなります。

さらに、今まで「お母さん、お母さん」と自分にいつもまとわりついていた子どもが、思春期を迎え、朝から出かけては暗くなるまで帰ってこない。そんな時に親は寂しさを感じます。

そして、言うのです。

「遅くなるなら言いなさい、食事の準備があるんだから！」

母親は自分でも食事の準備が気になっていると思い込もうとしています。でも、実際に彼女が心の奥底で感じているのは、自分のもとから子どもが立ち去ろうとしていることへの寂しさです。そして、子どもはそれを敏感に察知し、いつもにも増して不機嫌そうな顔で玄関のドアを開けて出ていくのです。

(7) 他の人の視線が気になる

自宅で子どもがいくら騒ぎまわっていても、日頃はいっこうに気にならないのに、夫の実家に行った際は、「ほら、静かにしなさい」と声を荒げてしまうことがないでしょうか。「いいのよ、いいのよ」と姑は柔和な笑顔を騒ぐ子どもに向けています。しかし「行儀の悪い子ね、まったくしつけはどうなっているのかしら」と内心思われていないかと気になるのが嫁の常です。こんな時、本当に言いたいのは「とにかく私がいいお嫁さんだと思われるように、あんたたちも協力してよ」なのです。

デパートのおもちゃ売り場で、床にひっくり返り、「あれ買って!」と泣き叫ぶ子どもの手を「いいから帰るよ」とイライラしながら引っ張る父親は、決して周囲の客のほうを見ようとしません。「好奇と同情の入り混じった視線が突き刺さるこの場から、一刻も早く立ち去りたい」という想いが父親をいらだたせ、子どもの手を引っ張る力を倍加させるのです。

子どもにしてみれば、いずれの場合も、なんで今日に限ってこんなに親がイライラしているのか、よくわからないことでしょう。親が気にしているのは子どものことではなく、周囲の視線なのですから。

(8) 疲れている

夕方のアウトレットモールには、さんざん買い物に付き合わされて抜け殻となった父親が亡霊のように立ちすくんでいます。そこにようやく戻ってきた妻と娘は、両手いっぱいに紙袋をぶら下げてご機嫌です。荷物を降ろし、「あと帽子を見たいから」ともう一回買いに出ようとする娘に対し、ついに父親は禁断の一言を発します。

「まだか！　早くしろ‼」

楽しい気分に水を差され、ご機嫌だった娘は急に不機嫌になり、帰りの車中は父親も娘はダンマリ。「待たせすぎて悪かったなあ」というささやかな罪悪感もあって、夫の機嫌を取ろうとする妻ばかりがしゃべる気まずい空間と化します。

本当は父親だって、お気に入りの洋服を手に入れて喜ぶ娘を見るのは嬉しいのです。ただ、父親は疲れすぎていました。その疲労が、悲惨な結果を引き起こすとわかっているのに「買い物中の女性に『まだか、早くしろ』と口走る」などという暴挙に出させたのです。

疲れは怒りを引き起こします。「風邪を引いた」「眠い」「腹が減った」「生理前」なども、子どもに腹が立ちやすくなりますので気をつけましょう。

⑼ うるさい、暑い、ジメジメしている

騒音、温度、湿度など、環境からくる刺激も子どもへの怒りにしばしば転じます。

「うるさい！　静かにしろ!!」

休日の朝、居間でゴロリと寝そべりながら父親は怒鳴ります。

「こっちは疲れて寝ているのに、朝からドタバタしやがって！」

怒った父には逆らえず、ちょっと静かにしながらも子どもは感じていることでしょう。

「せっかくの休日ぐらい、思いっ切り遊んだっていいじゃないか！　なんでお父さんの都合で静かにしなければならないんだ！　居間で寝ないで寝室に行け！」

本当は「ゆっくりしたい」という親の都合と「休日は思いっ切り遊びたい」という子どもの都合はどっちもどっちです。

赤ちゃんが泣く時、「うるさい」と怒鳴りたくなるのは、子育てをした人なら誰でも経験しているのではないでしょうか。赤ちゃんは何一つ悪いことをしていません。しかし、その泣き声の大きさと激しさに人はイライラするのです。

⑽ 時間がない

時間がなくて急いでいる時は、子どもの動作が何かとグズグズしているように思えて腹が立ちます。

「いいから早くしなさい」は子どもを叱る定番のセリフです。

「先生、こんにちは」

ある患者が廊下を歩く私を呼び止めました。

「先生、家族からお菓子が送られてきたんですよ。とってもおいしいんです。お子さんもおられるでしょうから差し上げます。ちょっと待ってください。部屋から取ってきます」

にっこり笑い、部屋に小走りに向かう患者の背中を見つつ、私はイライラしました。

それは五分後に救急患者が運ばれてくるとの連絡が入っていたからです。

患者が示してくれているのは溢れんばかりの善意。しかし、時間がない時には、その善意にすらイライラしてしまうのです。

⑾ 他に気になることがある

虐待と貧困は大きな関連があるといわれます。私の勤務する大村椿の森学園が以前行った調査では、開設から平成二四年度末までの全入所児童一〇三名のうち、七四％が虐待を受けていました。さらに自己負担金がない生活保護世帯出身の子どもが六二％いました。日々お金のことを心配している生活の中、子どもが虐待を受けていった状況がそこにうかがえます。

さらに彼らの家庭状況を調べると、実父母がそろっている家庭が二〇％、母子家庭が五五％、父子家庭が一三％でした。親が離婚・結婚や転居・転職を繰り返しているケースも数多くありました。このように生活上の困難を数多く抱える中で虐待はエスカレートしていったのです。

子育ては生活の一部に過ぎません。

だからこそ、深刻な問題を抱えている時には子育てに割けるエネルギーは乏しくなります。そして、そんな時に親は子どものちょっとした発言や行動にイライラしてしまうのです。

貧困や家庭崩壊といった重大な問題に限らず、生活の中には気になることがたくさんあります。明日の天気に始まり、「子どもが熱を出した」「来週までに仕上げなきゃいけない仕事がある」「ＰＴＡの役員を引き受けさせられそうだ」「受験は合格するだろうか」「税金がまた上がる」……。日々の営みの中のありふれた気がかりなことが、子どもへの怒りに転じることには、気をつける必要があるのです。

⑿ 第三者への気持ちが持ち込まれている

子どもは何も悪くはない、だけどなぜだか腹が立つことがあります。それは嫌悪感とでもいうべき感情です。

ある母親は、思春期に入った息子をどうしても受け入れることができません。それは昔、自分を殴り、苦しめた別れた夫に顔も声も似ているから。

またある母親は、自分の娘に何かと腹が立ちます。それは自分より勉強もスポーツもできて、いつもかわいいと褒められていた自分の妹への羨みが蘇るから。

人はそれぞれの生きてきた歴史の中で、さまざまな体験を重ねています。その中にはとてもつらく苦しい体験もあります。子どもがその体験を思い出させるような行動をとった時、子どもに対し、大人はしばしば怒ります。それは「過去に起源をもつ、子どもへの八つ当たり」といえるかもしれません。

「子どもの問題」と「大人の問題」を分ける

ここまで大人が子どもに腹が立てやすくなる一二のパターンについて述べてきました。これらは一つひとつバラバラに存在するわけではありません。通常はいくつかのパターンが複雑に絡み合って大人の怒りを増幅します。

また、これらの気持ちに自分が揺さぶられた時、大人は罪悪感を抱きがちです。この怒りが自分自身に由来するものであることになんとなく気がつくからです。しかし、それを自分の問題だと認めることは容易ではありません。だから大人は自分を正当化できる理由を探します。そして、子どものちょっとした落ち度を見つけると、ホッとして声高らかに「お前に問題がある」と宣言するのです。それは一見〝正論〟としての体裁を整えています。しかし、それは化けの皮を被った正論ですから、子どもも思春期になれば「何かおかしい」と直感的に察知します。そして、そこに大人と子どもの一〇年戦争が勃発するのです。

やはり子どもを叱る際には、本当に子どもの問題といえるのはどこまでなのか、そして自分の怒りを増幅するような大人自身の問題が隠れていないかを自ら検証し、見極める作業が必要です。

もし「子どもの問題」と「大人の問題」がきちんと整理できると、三つのいい効果が得られます。

一つ目は、子どもからみて理不尽に思える叱責が少なくなること。大人の都合で叱られたり叱られなかったりということが減少しますから、叱られた子どもも納得しやすくなります。

二つ目は、大人側の冷静さが増えることで、子どもを叱る回数そのものが減ること。

三つ目は、子ども側が改善すべき部分が何なのか、明確になることで、子どもも行動を改善しやすくなるということです。

そして結果的に、子どもとの間での無用な諍いが減り、子どもとの関係が改善していきます。

3　怒りが抑えられない際のしのぎ方

どうにも自分の気持ちが整理できず、子どもへの怒りが抑えられないと感じた際には、どうすればいいでしょうか。

(1) 離れる

最初にすべきは、子どもの前から離れてみることです。散歩に行く、トイレに行く、庭に出て土をいじる……。方法は何だって構いません。とにかく間を取り、気持ちを整えることです。

精神科医である私も、気持ちがざわついて患者と向かい合えない気分の時は、しばらくスタッフと雑談に興じたり、診察室にこもって溜まった書類を書く中で気持ちが落ち着くのを待つことがあります。それと同じです。

(2) イライラしていることを言葉にする

もし子どもから離れようとしているのに子どもがあれこれ難癖をつけて絡んでくる際には

「今、お母さんはすごく腹が立って冷静でいられないの。だから冷静になる時間をちょうだい。

冷静になったら話し合いましょう」と口に出してから立ち去る方法があります。

この方法は、子どもに今の状況が正確に伝わるうえに、イライラしていることを無理に隠さず言葉にすることでイライラ自体が減少する効果があります。

(3) 慌てて行動しない

さらに自分の気持ちが落ち着くまで、子どもの行動を改善しようという取り組みを一時ストップします。子どもへのアプローチが少々遅れたからといって、慌てる必要はありません。そもそもどんな関わりをしようとも、子どもの行動は年単位でしか改善しないのですから。

そして、まずは少なくとも今以上には関係が悪くならない、すなわち〝現状維持〟だけを目標にして、いつも通りに過ごしてみましょう。

子どもからすれば、親が頭ごなしにガミガミ言ってくるから言い返すけれど、本当は必要以上に親とケンカなんかしたくありません。認めるのは悔しいけれど、自分にも問題があることぐらい、ある程度理解しているのです。

そして何より、子どもとの関係がうまくいかないと親が悩む時、実は子どもも親との関係がうまくいかないと悩んでいるのです。

ですから、きっと子どもはそのうちに、何事もなかったかのような顔をして、親の前に現れます。子どもに教え諭すチャンスは今後、何度でも訪れるのです。だからこそ親は慌てず、自分の気持ちを整理することに専念すればいいのです。

(4) 愚痴をこぼす

怒りを自分一人で整理できない時に最も有効なのは愚痴をこぼすことです。「じっと我慢」して溜め込んだ怒りが制御不能となって暴発しないよう、早めに言葉にしてしまいましょう。

愚痴をこぼしつつも「こんなドロドロした気持ちを抱く自分はなんてダメな親だろう」と自己嫌悪に陥る人もいるかもしれません。しかし、煮えたぎる怒りを持て余しながらも、それでもなんとかわが子をいい方向に導こうと、奮闘し続けているのも同じあなたです。愚痴だけが本音ではありません。その頑張ろうとしている想いもまた本音なのです。

(5) 冷静な他人の力を借りる

他人に相談したからといって、現実が好転しないことは少なくありません。しかし、冷静な第三者の意見を参考にすると、心理的な視野狭窄に陥ることは回避できます。「どうせ何をしてもうまくいかない」「死ぬしかない」などといった極端な考えには陥りにくくなるのです。

だからこそ、一人で考えず、いろんな人の力を借りましょう。

さらに自分が怒りを制御できないと考えた際は、冷静な第三者、すなわち学校の担任、部活の顧問、親戚、友人、カウンセラー、精神科医などに子どもの指導を思い切って任せるのも手です。

また、親子二人きりではもめそうな時には、中立的な人に同席してもらってもいいでしょう。その際は、子どもが「自分を叱るために大人が集団で押しかけてきた」と誤解しないように「お母さんが自分一人だと腹を立てて叱りすぎてしまうから、一緒に来てもらったの」と事情を説明するといいと思います。

いずれにしろ、子どもの対応がうまくいきそうにない時は、一人で行おうとせず、他人の力を積極的に借りるといいでしょう。

4　叱る際に知っておくといいこと

ここまでは子どもを叱る前の段階において、いかに大人が自分側の気持ちをコントロールしていくかというテーマについて述べてきました。

さて、ここからはいよいよ実際に子どもを叱るにあたって知っておくといいことについて述べようと思います。

(1) 叱った人との関係こそが鍵

子どもを叱るにあたり、何よりも子どもに影響を与えるのは「何を叱られたか」ではなく「誰から叱られたか」です。

やはり日頃から関わりのある人、長年の付き合いがある人、仲のいい人から叱られたほうが素直に聞き入れやすいものです。

ただし、親だけは例外。それは、思春期の子どもにとって親は最も乗り越えなければならない存在だからです。強大な親の影響力に飲み込まれないためにも、そう易々と親の言うことにうなずいたりはしません。

しかし、同時に最も影響力をもつのも親です。精神科医の私が何度言っても一切受け入れなかったのに、親のたった一言で決断に至った子どもに出会うことは少なくありません。

やはり同じ食事をとり、同じ物を見て、枕を並べて寝るといった幼少からの繋がりは、一朝一夕では構築できない強い絆なのです。

(2) 言葉よりも声の調子や表情・態度

よく、何と言って叱ればいいかとそこばかり悩む人がいます。しかし、それ以上に大きな影響を与えるのは、どんな口調で叱ったか、そして、どんな表情や態度で子どもに向かい合っていたかということです。何と言って叱ったかは、実は二の次です。

話し方が最初からケンカ口調であれば、子ども側も戦闘モードに突入し、事態は緊迫するでしょう。逆に上目づかいで媚びるような口調であれば、「この大人は俺に取り入ろうとしているな、警戒しよう」と思われるかもしれません。また子ども自身、とんでもないことをしてしまったなと思っている時に、大人が妙に笑顔で近づいてきたならば、子どもは目の前の大人が何を考えているのかわからず、不気味で仕方ないでしょう。

やはり、口調や表情から与える印象は大きいものです。

叱る際の口調については、

・声の大きさは強すぎず弱すぎず
・声の高さはやや低め
・話すスピードは早すぎず遅すぎず
・語尾までしっかりと力を抜かずに

が望ましいようです。

また表情・姿勢は、
・表情はあまり変えすぎず
・子どもの目をしっかり見て
・姿勢は真っ直ぐか、やや前のめり
・身体はあまりせわしなく動かさずに
がいいように思います。

(3) 声を荒げるのは子どもへの挑発

本章ではここまで、子どもを叱ることをテーマに論を進めてきました。読者の中には「叱る」と聞いて「声を荒げる」ことをイメージされているかもしれません。しかし今日、私が思春期の子どもを叱る時に、声を荒げることはまずありません。しかし、あまりに子どもが言うことを聞き入れず、ふてくされた態度をとる際など「大声で圧倒してやりたい」という衝動がムクムクと湧き上がることはあります。しかし実際に大声を上げたならば、その子どもは、逆に私以上の大声で言い返し、感情的になった私をさらに挑発するに決まっているのです。そこから先は、お互い相手を挑発する無益な〝戦争状態〟に陥るに決まっています。

余談ですが、今は教師や医師などの専門職はすぐに世間の批判にさらされる時代です。うかつなことを口走れば、報道にだって乗りかねません。インターネットは無法地帯です。逆に子どもが大人の一〇〇倍ひどいことを言ったからといって、それを報じる新聞などどこにもありません。要するに、ゲリラ戦に持ち込まれたら、大人に勝ち目はないのです。子どもの挑発に乗るのは愚の骨頂です。

そもそも大声で威圧された子どもは怯えるか反発することに懸命になって、言われた内容について落ち着いて考えることができません。それでは、叱ることによる「教える」効果は半減してしまいます。

中には「そんな口をきいて、大人をナメるなよ」と子どもにすごむ大人がいますが、子どもからすると「いちいちすごんだりして、自信のない大人だなあ」と思われるのが関の山です。

やはり、大人は声を荒げたりせず、落ち着いた口調できちんと問題点を伝えていく必要があるのです。

(4) 話を聞ける状況で叱る

子どもを叱る際には、子どもが置かれた状況を考慮する必要があります。つまり、落ち着いて話を聞ける状況で叱らなければ、要らぬ反発を招くということです。

たとえば子どもが好きなテレビ番組を観ている最中に、パチンとテレビを消して「あんた、昨日何したの！」と叱り始めるのはうまくいきにくい方法です。なぜなら、子どもは叱られたことを反省するよりも「ああ、今からがいい時なのに」とテレビの内容に気を取られます。そして、観たいテレビを邪魔した親への怒りが湧き上がり、反省どころではなくなるからです。「叱るならテレビ番組が終わってから」が無駄な口論を減らすコツです。

また、クラスで日頃から教師に反抗している生徒を他の生徒の目の前で叱るのもうまくいかないでしょう。なにしろ彼は思春期ど真ん中。クラスという社会の中で「大人の言うことにいちいち逆らうキャラ」として、一定のポジションを獲得できないか模索している最中なのですから。他の生徒のいるところでは、内心自分が悪かったと思っていたとしても、「すみませんでした」なんて言えません。それでは面目丸つぶれ、キャラ崩壊です。やはり彼らを叱るなら一対一です。実際、そんな生徒と接してみて「一人ひとり話すと結構かわいいところもあるんですよ」という教師は多いようです。

他にも、

・うるさいところで叱らない
・暑すぎだり、寒すぎたりするところで叱らない
・ジメジメした中で叱らない

といった配慮もあったほうがお互いのいらだちを高めにくいでしょう。

・トイレを我慢させない
・眠い時間帯に叱らない
ことも必要でしょう。

(5) 年齢や理解力に応じた言葉で叱る

ある日、看護師がイライラした様子で私のもとに来て言いました。

「先生、あの子、暴れたことを全然反省してないみたいです。暴れた理由を言ってごらん、と言っても、ヘラヘラ笑うばかりで一切答えないんですから」

その男の子は小学校高学年。ただし、境界知能でした。

彼のもとに足を運んだ私は、彼に尋ねました。

「暴れた理由を言ってごらん」

やはり彼はヘラヘラとした笑顔を私に向けるだけで何も言いません。もしやと思った私はこう尋ねました。

「〝理由〟って言葉、わかる？」

首を横に振った彼はようやく口を開きました。

「わからん」

そう、彼は理由という言葉の意味がわからず、答えようにも答えられなかったのです。そして、外国人によくわからない言語で声をかけられた日本人が意味不明な笑顔を浮かべるように、私たちに戸惑った笑顔を向けていただけだったのでした。

「叩いたのはどうして?」と改めて尋ねた私に、彼は叩いた相手からバカにされたと感じてイライラしたことを報告しました。そのうえで「叩いてごめんなさい。ちゃんと謝りたい」と述べたのでした。彼は反省していたのです。

ここまで何度か述べてきましたが、叱る際にも相手の年齢や理解力などに配慮し、それに応じたわかりやすい言葉で叱らなければならないのです。

(6)「心を込めた」を言い訳にしない

「私がこんなに心を込めているのに、あの子はそれがわからないのでしょうか」

その母親は、いっこうに学校に行こうとしない息子の態度にイライラしていました。そして彼女は息子を「気合が足りない」と責め、「将来どうなると思っているの」と不安を煽り、「学校に行かないならゲームは没収」と脅し続けていました。当然追いつめられた息子との関係はみるみる悪化し、家庭内ではお互い口もきかない状態に陥っていました。

母親が「心を込めていた」のは疑う余地もありません。ビックリするほどあちこちの相談機関に通い、講演会に出かけ、親の会に参加し……。あきらめることもなく、とにかくわが子のためにいいと思うことはすべて取り入れようとしている彼女の頑張りを、誰が責められるでしょう。

彼女の問題は、息子を想う気持ちではありません。その想いが、空回りしてうまく子どもに伝わっていないことです。少し厳しい言葉でいうならば「心を込めていることは子どもにも伝わるはずだ」と思い込み、子どもを「責め」「不安を煽り」「脅し続けた」ことが問題だったのです。

心を込めていれば、どんな叱り方をしてもいいというわけではありません。どういう言葉をかけたか、どういう対応をしたかということが大切なのです。

逆にいうならば、子どもを想う気持ちが薄くとも、叱り方が上手であれば、事態の改善が得られるか、少なくとも事態の悪化は防げるのです。

(7) 失敗しても「取り返し」がつく

どんな叱り方をしたら子どもの心に届くかは、実際に叱ってみないとわかりません。もちろん、子どもの虫の居所にも影響されます。今日うまくいった方法が明日うまくいくとは限らないのです。

そんな中、子どもとの衝突を怖がって、うまく叱れないという親に出会うことがあります。たしかに子どもを叱れば、その場には強い緊張感が走ります。しばらくは口もきかない関係になることだってあるかもしれません。しかし、お互いに本当は仲良くありたいと願っているのが親子です。だからこそ何度でもやり直せます。叱ることを怖がりすぎず、自分なりにいろいろな叱り方を試みてください。そしてその経験をもとに、次第によりよい叱り方に近づけていってほしいと思います。

⑻「理屈」ではなく「感情」に働きかける

子どもには正しい理屈を教えなければいけません。しかし、ただ正しい理屈を言っておけば万事ＯＫかといえば、そうではありません。

それは人間が理屈ではなく、感情で動く生き物だからです。そもそも大人だって「適度な運動は大切だ」と頭ではわかっていても「面倒くさい」という理由だけで運動する気になれませんし、「タバコは身体に悪い」と知っていても「吸いたいもん」となかなかやめられないではありませんか。

やはり理屈だけではダメなのです。

特に叱られるというのは、ただでさえ不愉快な体験です。不愉快な気分にさせられた相手からどれほど正しい理屈を言われても、素直に聞き入れる気分になれないのは当然です。

だからこそ、叱る際にはただ正しいことを言い放つのではなく、子どもの感情に働きかける、せめて子どもの感情を逆なでしないことを心がける必要があります。

そのためにも、声を荒げすぎずに穏やかな口調で叱ることや、たとえばケンカを叱る際に「ケンカしたのは、相手が自分をバカにした態度をとって悔しかったからなんだね」と本人の悔しい気持ちを労うことから始めるといった工夫が必要なのです。

⑼ 価値観が変わらなければ行動は変わらない

幼い子どもは大人から叱られれば、その場では静かになるかもしれません。しかし、叱る大人が目の前からいなくなれば、必ずまた騒ぎ始めるに違いありません。それは、まだその子が自分の興味のままに大声を上げることよりも、皆が落ち着いていられる静かな環境を作り上げることのほうが大切であることをよく理解していないからです。

このように子どもが自らその行動を改めるようになるためには、子どもの価値観が変わる必要があるのです。

価値観は一度叱られたから変わるわけではありませんし、罰を与えられたから変わるものでもありません。やはり子ども自身が数多くの体験を重ねる中で、「これは本当に大切なことなんだなあ」と実感できた時に初めて変わるものなのです。

時々、子どもを変える魔法の一言でもあるかのような子育て本のタイトルを目にすることがありますが、子どもの価値観がたった一つの言葉かけで変わることなどありえません。

そんな錯覚をすることなく、今、子どもを叱っている一言は子どもが価値観を形成するための一つの材料に過ぎないというわきまえをもっておきましょう。

⑽ 失敗を許すと反省に繋がりやすい

とんでもないことをしでかしたわが子に大人は腹が立ちます。

「あなたが謝るまで、お母さんは絶対に許しません」と言い放ちたくなることもあるでしょう。それも当然です。それほどまでに悲しく恥ずかしい思いをさせられたのですから。

大半の子どもはその母親の怒りに触れ、さすがに悪かったといずれ謝罪するでしょう。それは、子どもが何やかんやと反発していても、母親との絆が自分にとって大切なものであると知っているからです。また、母親ならばいずれは自分の謝罪を受け入れてくれると確信しているからです。

しかし、幼少期に親から虐待を受けてきたような子どもの中には、親との絆を確かなものとして感じることができず、「許さない」との発言を文字通り受け止めてしまう者もいます。彼らは「親はやはり俺を見捨てたか」との思いの中で、孤独を深めます。そして「謝って許してもらう」という当たり前の行動をとることに興味すら失い、逆に開き直って問題行動をエスカレートさせるのです。

彼らに失敗を反省させるには、失敗した本人への関わりや関心を決して途切れさせることなく、失敗は失敗として話題にしながらも、そこに固執せず、よりよい生き方をともに模索していこうとする態度を失わないことです。

誤解しないでほしいのですが、それは失敗の尻拭いをいつも周囲の大人がするということではありません。たとえ虐待を受けてきた彼らであっても、謝罪したり弁償したりという現実的な責任は取らなければなりません。やったことの責任からは逃れられませんし、逃れさせてもいけません。しかし、失敗をしたその〝子どもという存在〟は常に許すのです。そしてその失敗した事柄について、ともに考えていく中で子どもの反省を促していくということなのです。

そういう意味で私は「高校は義務教育じゃない、問題のある子には辞めてもらいます」という一部の高校のあり方には違和感を覚えます。

建前では、たしかに高校は義務教育ではありません。しかし、高校等への進学率が約九八％にも及ぶ今日、実質的に高校は義務教育なのです。今日の日本において、才能が乏しい者が高校を出ないで社会に出ていくルートはあまり準備されていません。このような社会を構築したのは子どもではなく、私たち大人です。だからこそ「高校は義務教育ではない」という建前に寄りかかり、失敗を重ねる子どもを断罪し、学校から放逐しないでほしいのです。「タバコを吸ったら三回目で退学」などというルールで、子どもの教育をあきらめないでほしいのです。

5　反発を招く罰の与え方

「ダメなことをしたら罰を与える」

この図式はきわめてわかりやすいものであり、刑罰という形で世界中の国で採用されています。そして、家庭や学校においても、大人が子どもに罰を与えることはごく普通に行われています。

しかし、この罰を与えるという方法は、子どもの行動を改善するにあたって、うまくいかないことも多く、子どもの〝反省〟よりも〝反発〟を招くことが多いやり方です。

特に難しいのは「罰の与え方」です。反発ばかりが高まり、反省に繋がりにくい罰の与え方には四つのパターンがあります。

(1) 突然の罰

子どもが最も納得しないのは、「突然の罰」です。

「今日は話し込んでいて遅くなっちゃった。お父さん、怒っているだろうなあ」

内心ビクビクしつつ帰宅した娘。案の定、玄関先には父親の姿。「ごめんなさい」と娘が口を開こうとした矢先に父親が言います。

「何時だと思っているんだ、門限を破るような奴はケータイ禁止だ!!」

さっきまでの謝ろうという気持ちはどこへやら、

「そんなルール、いつ決めたのよ!」

娘の心の中はこの突然降ってわいた罰に対する反発でいっぱいとなり、門限に遅れたことへの反省など吹き飛んでしまいました。

事前に結んであった約束ならまだしも、こんな突然の罰なんか受け入れる気持ちになれないでしょう。

(2) 一方的な罰

「成績が下がったら、ゲーム禁止」

母親がゲームばかりで勉強しない息子に言い放ちます。息子は「はあ⁉」と不愉快そうな声で抗議の意を示しつつも、母親の剣幕にこれ以上言い返しません。

「約束だからね」

と母親は念を押し、子ども部屋から出ていきました。

さて、テストが終わり、案の定、息子の成績は急降下。

「さあゲームを渡しなさい、約束でしょう!!」

いくら母親が怒鳴っても、息子にしてみれば「いいよ」と言った記憶などありません。母親の一方的な提案を黙って聞いていただけであって、約束など結んだつもりはないのです。当然、納得などできるはずもなく、後は「約束した」「してない」の不毛なやりとりが延々と続くのです。

(3) 大きすぎる罰

子どもの起こした問題と比較して、あまりに大きすぎる罰も反発ばかりを高めます。

大人だってスピード違反したら死刑、職場に一度遅刻しただけで解雇などといわれても納得いくはずがありません。それと同じです。

(4) 関連性がわからない罰

ゲーム時間を減らされるという罰が与えられるにしろ、「勉強時間を削ってゲームばかりしたために成績が落ちたのでゲーム時間を減らす」というのであれば、理屈はわかります。

しかし、「門限を守らなかったから、ゲーム時間を減らします」と言われたならばどうでしょう。到底納得いかないでしょう。門限破りとゲーム時間には何の関係もないからです。

この関連のわかりにくい罰に「連帯責任」があります。

「宿題しない子がいたら、罰としてクラス全体の宿題を増やします」

ある教師が言いました。

しかし案の定、いつものようにたった一人宿題を忘れたA君。宿題をしてきた周囲の生徒の白い目に耐えかねて、A君は宿題をするようになりました。先生にしてみれば、自分の言うことを聞かないA君にクラスの集団圧力を利用して言うことを聞かせるという作戦が奏功して、めでたしめでたしなのでしょう。でも、真面目に宿題をしていた生徒たちにしてみれば「なんで俺たちがあいつのせいで罰を受けなきゃいけないんだよ」となるわけです。いくら教師が「社会には連帯責任という考え方がある。クラス全体で支え合うのがお前たちの役割だ、それを果たしてないから罰を与えるんだ」と強弁しても、生徒たちは「自分の指導力では言うことを聞かせられないから、俺たちに責任を押しつけたんだろう」とたいてい感じているものです。

A君の場合、周囲の子どもたちが我慢強かったからこじれなかったのですが、生徒の立場では「宿題しなかった奴は絶対学校に来るなよ、来たら宿題が増えて俺たちが迷惑だからな」という合理的な解決策もあったわけで、いじめを誘発しかねないやり方だったともいえます。

やはり罰を与える際には、事前にどういう行動をしたらどういう罰が与えられるか、子どもと共有すること、そしてそれが子ども自身にも納得できるものであるほうが、子どもの行動改善に繋がりやすいと思います。

そもそも罰を与えるというやり方の効果は限定的です。また、その効果も問題行動を減らすことに限定され、いい行動を増やすというプラスの効果は得られません。

やはり、仕事に対して給与という対価が支払われるように「いいことをしたら〝ごほうび〟を与える」とか、仕事の成果に応じて特別休暇が付与されるように「いいことをしたら〝いやなこと〟を減らしてあげる」というやり方を用いることで、子どもが自ら率先していい行いをしたくなるよう、教え導くのが基本といえるでしょう。

6　言うことを聞かないのはなぜか？

いくら叱っても、ちっとも子どもが言うことを聞かないことがあります。この「言うことを聞かない」理由は大きく分けると六つあります。

(1)　理解できていない

子どもを叱っても言うことを聞かない時にまず考えるのは「この子は理解できているのか」ということです。たしかに幼ければ、そういうことも多いでしょう。また、思春期の子どもでも、なんとなくしかわかっておらず、正確な理解が得られていないことは多々あると思います。

このような子どもには、何が問題なのか、どう振る舞ったらいいのかということを十分に説明する必要があるでしょう。

(2)　今はいやだ

しかしテレビドラマに没頭して、歯を磨こうとしない思春期の息子に「歯を磨かないと虫歯になるよ」と叱るのはピント外れです。

思春期ともなれば「歯を磨かないと虫歯になる」ことくらい誰でも知っています。そんな当たり前のことを今さら言われた彼は「わざわざそんなこと言われなくても知ってる、バカにしてるのか」との不愉快な気持ちを「うるさい」の一言にまとめ上げて母親に投げ返すに違いありません。

彼が歯を磨かないのは「虫歯になることを知らないから」ではなく、「ドラマがいいところだから」であり、「今はいや」なのです。

そんな彼に対しては「ドラマが終わったら歯を磨きなさいよ」とただ告げればいいでしょう。

(3) 言われた内容を受け入れがたい

「ゲームは三時間まで」といくら親が言っても子どもが受け入れないという場合は、また事情が異なります。

もちろんその子は「ゲームばかりして勉強しないと成績が落ちる」ことはわかっています。でも「ゲームが楽しいから三時間以上したい」と考えているのです。

そういう場合、ゲーム中に叱ったからといって、うまくいくことはまずありません。大声で怒鳴ればその日はやめるでしょうが、怒鳴る親の帰りが遅い日には、好機到来とばかりにひたすらゲームに没頭するだけでしょう。結局、成績が上がることなどありません。

やはりこういう場合、ゲームに没頭している最中ではなく、別に時間をとって「ゲームは楽しいんだろうけど、それればかりになって成績が落ちるのも心配だと思う。あなたはこの楽しさと、成績を両立するためには、どのくらいのゲーム時間が適切と思うか」と話し合うしかないのだと思います。

ちなみにこのような場合、今、没頭しているゲーム以上に面白いことが出てくれば、ゲームは自然としなくなるものです。それが必ずしも勉強とは限りませんが。

(4) 要求が高すぎて実行できない

大人側の要求が高すぎて、子どもも言われた通りにしたいのにできないという場合もあります。たとえば対人緊張がとても高くてひきこもっている息子に、いきなり「家を出て働け」と言っても、それは無茶な要求です。「親が死んだ後は自分で生活するしかないんだぞ、だから今のうちに働けるようになれ」というのはまさに正論。息子にしてみれば一切反論の余地がありません。しかし、それは今の彼には実行不能であり、実行できない彼は自分を「ダメな奴」と卑下し、ますますひきこもるしかなくなるでしょう。

また小学一年生の多動傾向をもつ子どもにいきなり「六〇分間静かにしなさい」と言っても無理な話です。その子どもが一〇分間だけはじっとしていることができるとわかったならば、

「一五分だけこの椅子に座りましょう」とその子が頑張れば達成できそうな、ほんの少しだけ高い目標を与えるべきです。

やはり子どもを叱る際には、現実的に実行可能かどうかを検討する必要があるのです。

(5) 叱られたのがただ不愉快

子どもによっては理解もできているし、実行できないわけでもない、でもとにかく叱られた時の大人の物言いが不愉快で逆らいたいという場合もあるでしょう。

こういう時は、子どもが冷静さを取り戻すまで待つしかありません。

また、日頃から大嫌いな教師に叱られても、言うことを聞く気になどなれません。自分があまりに嫌われていると思った場合は、他の教師に「ちょっとお願い」と叱り役を代わってもらったほうが効率的でしょう。

(6) 叱られたい

あと一つ、言うことを聞かない理由として知っておいてほしいことがあります。それは「叱られることをする」ことが、子どもにとって注目してもらうための手段になっている場合があるということです。

思春期の子どもはしばしば、親や教師との絆が本当に結ばれているのかが気になります。そんな中、叱られることで絆を確認しようとするのです。それに対しては、ある程度付き合って叱ってあげたほうがいいことも少なくないのですが、あまりに何度も「叱る・叱られる」のやりとりが続く際には、説教が「子どもへのごほうび」になってしまい、問題行動を強化していないかを再確認する必要があります。

そしてこのような場合、「叱る際は短く、簡潔に」を心がけ、言い合いは避けるようにします。問題行動の重大性にもよりますから、あくまでも可能な限りではありますが、思い切って知らんぷりするのも手です。加えて、この取り組みを行う際は、同時に問題行動を起こしていない時を見計らって、いつも以上に声をかけるといいでしょう。

そうすれば「叱られるようなことをするのはつまらないな。叱られないことをしたほうが楽しいな」と次第に子どもは感じ始めるでしょう。

子どもが言うことを聞かない理由はこのようにさまざまです。だからこそ、子どもが言うことを聞かない時は、その理由をきちんと考え、その理由によって対応を切り替えるといいでしょう。

7　少ない手間で効果が得られる叱り方

「子どもを叱る際に大切なのは愛情だ。愛をもって叱れば、いつかわかってもらえるはずだ」などという言説を時々耳にします。しかし、このように愛情ばかりを強調するのは危険だと私は思います。

問題を起こし続ける子どもに関わり続けるのは、とにかく大変な作業です。もし問題を起こすたびに、精一杯の愛情を込め続けたならば、やがて愛情は減弱し、枯渇しかねないでしょう。残念ながら愛情は有限です。だからこそ、愛情が目減りしないよう、少ない手間で大きな効果を得られる叱る技術が必要とされるのです。ここからは、そのような叱る技術を述べていきます。

(1)　指導は抽象的でなく具体的に

学校で「いい子にしなさい」と言われた子どもは、いったいどう振る舞ったらいいのでしょう?　実はそう簡単ではありません。学校で求められる「いい子」にはいろいろな種類があるからです。

たとえば、静かに話を聞く子が「いい子」とは限りません。先生が皆に話をしている時ならばそれでいいのでしょうが、討論の場であれば、自分の意見を堂々と述べる子が「いい子」でしょう。さらに運動会の応援合戦では、誰よりも大声を張り上げて応援する子が「いい子」です。

たいていの場合は、本人なりに考えて、その場に応じた振る舞いを探り当てるのでしょう。しかし、年少の子どもや状況を読み取る力の低い子どもであれば、自分ではいい子にしているつもりなのになぜか叱られるという事態も起きかねません。

そもそも〝本当のいい子〟がどんな存在なのかはよくわかりません。学校でよく求められる、教師に対して従順で他人の意見によく従い、自己主張しすぎないタイプの子どもが、企業で頭角を現せる人材たりうるかは何ともいえないところです。

抽象的な指導は頻繁に用いられます。

「もうちょっとちゃんとしなさい」

「気をしっかりもちなさい」

「男／女らしくしなさい」

例を挙げたら切りがありません。

「本校の生徒である誇りをもちなさい」と昔言われたことがありますが、誇りというものは何かをきっかけとして自然に湧いてくるものでしょうし、「何をどうやったらいいのかわからないなあ」と高校生の私は感じたものです。さらに「高校生の本分をわきまえなさい」などと言われても「俺にとっては勉強だけでなく、恋も友情も本分なんだ」と男子は思うに違いないのです。

こんな抽象的な指導はせずに、「勉強の時間をあと一時間増やしなさい」とか「この問題集を一日三ページ解きなさい」と伝えたほうが成績は上がるでしょう。

抽象的な指導をされた子どもは、実際に何をどうしたらいいのかわかりません。さらに、どこまでやればＯＫが出るのかもわかりません。やはり指導は、より具体的な形であるほうが実行しやすいのです。

児童思春期の精神医療の現場には、コミュニケーション技術の低い子どもがよく現れます。そのような子どもに対して、「コミュニケーション技術を高めましょう」という目標を立てても、何一つ子どもは変化しません。それより、「朝は看護師に『おはようございます』と言いましょう」と決めたほうがいい効果が得られます。

「○○をやめなさい」という指導をする際には、その行動をやめた後にどう振る舞ったらいいのかわからなくなり、結局、もとの行動に舞い戻ってしまう子どもが多いことに留意しなければなりません。

やはり「やめなさい」だけでなく「こうしなさい」とやめた後の代替行動を示したほうがより具体的で、行動改善が見込めるのです。たとえば成績優秀で、教科書の問題がすぐ解けてしまうために、授業後半に騒いでしまう子どもであれば、「静かにしなさい」と言うよりも、「教科書の問題が早く解けたら、君は特別にこの問題を解いてごらん」と難しい問題を渡しておいたほうがよほど静かにするでしょう。

ちなみに、子どもによっては思い切って「○○をやめなさい」と言うことすらやめ、本人が頑張ろうとしていることだけに焦点を据えて話をしたほうがうまくいく場合もあります。万引きばかりしていた高校生が、サッカーに打ち込み始めて、いつの間にか万引きをしなくなるというのが一例です。別のことに夢中になれば、問題となる行動に費やす時間はなくなります。それに「やめなさい」と言われて自分の行動を批判されるよりも、目標を示されたほうがやる気になるものです。だからこそ「○○してほしい」と伝えるべきなのです。

このように具体的な指導のほうが行動の改善に直結しやすいのですが、子ども自身に自ら考えてもらいたいからあえて抽象的な指導をしているという人もいるかもしれません。たしかにそれが有効な場合もあるでしょう。たとえば吹奏楽部の指揮者が「そこはもう少し情熱的な音が欲しい」と言えば、いい音楽を作り上げたいと願っている部員が指揮者の想像する以上の情熱的な音色を自ら生み出すかもしれません。しかし、このような指導が有効なのは、自分で内省する能力をもち、自分のあり方をいいものにしたいと強く願っている子どもに限られるのです。

また、大人が具体的にどういう指導をすればいいのかうまく整理できておらず、抽象的な言い方でごまかしていないかという点には注意が必要です。そして、子どもから「具体的に教えてほしい」と言われた際に、逆ギレすることなくきちんと答えられるように、大人自ら考えておきましょう。

⑵ 悪口や脅しはやめる

子どもを叱る際に「バカ」「アホ」「最低」「クズ人間」「ダメな子」などといった悪口を付け加えることは慎まなければなりません。このような悪口を言われた子どもは反発を強め、指導されたことに従う気持ちを失うでしょう。さらにこのような指導を受け続けた子どもは「自分＝ダメな奴」だと認識し、次第に自分のことが嫌いになってしまうでしょう。それでは逆効果です。

そもそも、これらの言葉をもし職場で上司が部下に発したら、それはまさにパワハラです。大人相手にしてはならないことは、子どもにもしてはいけないのです。

また、何をやってもわが子の問題が好転しないような時、「今度そんなことをしたら勘当だ」と口走りたくなる親もいるかもしれません。しかし、わが国の法律では勘当はできません。相続権も扶養義務もなくすことはできないのです。まあ、そのような法的な事実はともかくとして「勘当する」と言われた子どもは「本当にそうするのか」と疑念を抱きます。そして、いつまで経っても実行されないことに次第に気づき、「勘当する」と言った大人の言葉を信じなくなります。

やはり大人は自分の言葉の信頼性を高めるよう心がけなければなりません。だからこそ「もし今度暴れた場合、警察を呼びます」と言ったならば、絶対に呼ばなければならないのです。その覚悟がないならば、「警察を呼ぶ」などと言ってはいけません。

これによく似たパターンですが、「子どもが実行するとこじれる」に決まっていることをわざわざ命じて挑発するのも賢くないやり方です。

典型的なのは「やる気がないなら教室から出ていけ」。こう言った先生が望んでいることは出ていくことではなく、やる気を出して学習に取り組むことのはず。それならば率直に「しっかり学習に取り組め」と言えばいいのです。

(3) 人格や感情は責めず、行為を問題とする

悪口ではないかもしれませんが、同様に「どうせお前は」「やっぱりお前は」という言葉を

がっかりした口調で付け加えないことです。

時に大人は「内面を磨きなさい」という指導をしがちです。子どもが自分の人格を磨き上げ、人としての成長を遂げることはたしかに大切なことです。しかし、子どもの側にしてみれば、それはあまりに抽象的で何をどうしたらいいのかわかりませんし、そもそも人格は生涯をかけて磨き上げる性質のものですから、急に変えることなどできません。

結局、子どもがその場で改めることができるのは〝人格〟ではなく〝行為〟です。だからこそ、指導する時は〝行為〟を話題にすべきなのです。

「また盗んだのか、まったくお前は……」と子どもの自尊感情を傷つけ、指摘した大人への反発を招く言い方は避けましょう。それよりも「盗みはやめて、謝罪しなさい。謝罪は勇気がいることだけど、君ならばできると信じている」と伝えるべきです。

「こんなことばかりして、お前を見損なったぞ」ではなく、「このやり方はダメだ。君ならわかるだろう」と伝えることで、改善を成すために最大の役割を果たさなければならない子ども自身への信頼を示すことが周囲に望まれる態度なのです。

また人格だけではなく、先に何度も述べていることですが、子どもの問題行動の背景にある感情は、それがどんな感情であっても認めましょう。

からかわれたのが悔しくて相手を殴った子どもを叱る際に、「殴ってはいけない」とだけいくら伝えてもダメです。殴るのはいけないことだと、きっとその子もわかっています。大切なのは「からかわれて悔しかったなあ」としみじみとその悔しさを労い、「ただし、その悔しい気持ちを殴るというやり方以外で処理できるようになってほしい」と行動を正すように伝えることなのです。

(4)「君は○○だ」と決めつけず、「私は○○と感じた」と言う

叱られる場面に限りませんが、他人から決めつけられるのは誰しもいやなことです。親の支配下から独立して、自分の世界を構築しようともがいている思春期であれば、なおさらでしょう。「わかったふりなんかしないで！」「決めつけないで」という気持ちが先に立って、素直に聞く気になんかなれません。

だからこそ、子どもを叱る際は「お前は」「君は」などと相手を主語にして決めつけず、「私は」「お父さんは」と自分を主語にして自分の気持ちとして伝えたほうがいいのです。

「反省しろ」と言うよりも「反省してほしい」、「それはお前が悪い」よりも「お父さんはお前が悪いと感じた」と言いましょう。言っていることはほぼ同じです。しかし主語を相手から自分に置き換えるだけで、相手に与える印象は変わるのです。

(5) 肯定的な言葉で叱る

さらに、叱る際に子どもの反発を減らし、指導に従いやすくするためのテクニックに「肯定的な言葉で叱る」という方法があります。

「片づけなさい」と言うより「片づけてほしい」と言ったほうがいいことは先に述べました。しかしこの場合、さらにうまくいく言い方があります。それは「片づけてくれると嬉しい」という言い方です。

「嬉しい」という肯定的な感情を示す言葉を用いることで、相手の反発を削ぎ、さらに自分への期待を子どもは感じ取ります。そして、多少なりともその期待に応えたいと思うものです。

これによく似た言い方には、

・○○してくれると〝助かる〟
・△△できると〝期待している〟
・君なら〝わかる〟と確信している

などがあります。

(6) 「いつも」「ちっとも」「なぜ」は避ける

「お前はいつも勉強しないな」

これはあまり上手でない叱り方です。それは、子どもにある〝言い訳〟を与えてしまうからです。きっと、子どもはこう思うでしょう。

「いつもじゃない」

一〇〇回のうちに九九回は勉強していなくても、ごくまれな勉強した日のことを思い出して、子どもは反発するのです。

だからこそ、「いつも」「ちっとも」「まったく」という言葉は使わないほうがいいのです。

また「なぜあなたはお母さんの言うことを聞けないの⁉」という叱り方を用いる大人がいます。対して子どもは「うるさい」と言い返し、後は口ゲンカになるのがお決まりのコースです。

口ゲンカになるのは「なぜ〇〇なの?」という叱り方には二つの欠点があるからです。

一つ目の欠点は、「なぜ」が耳に障りやすい「エ段」で終わること。耳に引っかかりやすい「エ段」の響きに「あなたにわかるの?」といった挑発された感じを読み取って、子どもはイライラするのです。もしかしたら英語ならいいのかもしれません。「Why（ホワイ）」ですから。

二つ目の欠点は、「なぜ」と質問されても答えられないから。「なぜ勉強しないで、テレビばっかり観るの、言ってごらん」と言われた時に、子どもがその理由を誠実に回答したら、事態はますますこじれることでしょう。だって理由は「テレビが面白くて勉強したくない」か「お母さんの言うことに従いたくない」なのですから。「言ってごらん」と言われても、言ったらますます親が怒り出すのは目に見えています。だからこそ、答えられなくなった子どもはキレ始めるのです。

(7) 子どもの言い分を要約して伝え返したうえで大人の意見を伝える

いつも言い合いになってしまうという悩みをもつ親子のやりとりを見ていると、一つのパターンがあることに気づきます。それは、お互いに相手の意見を無視して、自分の言いたいことを言い続けるというパターンです。各自が自分の言いたいことを言うだけなのですから、言い合いになるに決まっています。

大人は自分が正しいと信じているからこそ、子どもの言い分など聞かずについ叱りつけがちです。しかし、いくら未熟であろうとも、子どもには子どもなりの言い分があります。それを無視すれば、子どもは不満を高め、大人の言葉に耳をふさぎます。

ちなみに、精神科を受診する子どもはこの〝言い返す〟ということがあまり得意ではないことが多いようです。彼らはただ黙り込みます。それは「言葉を扱う力が乏しくて言い返せない」という能力的な問題があったり、「過去に言い返してひどい目にあった」子どもが少なくないからです。

言い返すことができる子どもは、言い返せるだけの力があり、まだ言い返しても目の前の大人がきちんと受け止めてくれると期待しています。言い返せるということは、悪いことではないのです。

だからこそ、子どもが言い返してきた時には、それを黙って聞き、「あなたの言いたいことは○○だね」ときちんと言葉で返すことで、その言い分を受け止めている姿勢をみせましょう。そのうえで子どもの考えが未熟だと感じたならば、それがどう未熟なのかをきちんと説明すればいいのです。

(8) 時に文章に置き換えて伝える

親子関係がこじれていたり、叱る時につい感情的になって、言いすぎてしまう場合にお勧めなのは、口で言わずに文章に置き換えて伝えることです。メールでも手紙でもいいと思います。文章であれば、子どもに渡す前にしっかりと吟味することができますし、子どもも少しは冷静に受け止めることができるでしょう。

ちなみに私の親としての経験上、使えるのはLINEアプリです。メールや手紙で伝えた場合、「果たして読んだかなあ?」という点がわからないのですが、LINEは相手が読めば「既読」という印がつくのでわかります。

さらにメールよりも簡単に、まるで会話をするかのようにやりとりできるのがLINEですが、これを用いて子どもを叱ると、文字入力はスマホ操作に長けた子どものほうが素早いので、子どもから反撃がしやすく、結果的に大人が子どもをやり込めすぎずにやりとりできるという利点もあるように思います。

(9) 非言語的な方法は使わない

叱る際に非言語的な方法を用いると逆にこじれます。体罰の問題については本書では取り上げませんが、体罰が子どもの心に大きな悪影響を及ぼすことは知られてきています。

非言語的な叱り方は体罰に限りません。代表格は、わざと溜息をつくなどして、うんざりした様子を示す方法。子どもは頭ごなしに叱られた時以上に不愉快な気持ちに包まれるでしょう。それでは指導の効果は上がりません。

また「言わなくてもわかるだろう?」という叱り方もあります。これは子どもに高度な判断を求める叱り方です。私は「言わなくてもわかる子どもは、言われるようなことをそもそもしない」と思います。さらに子どもが自分なりに考えても、正解がよくわからず、見当外れなことを思いつくことも多いように思います。

はっきりと何がダメかは言わずに「もう中学生なんだからわかるだろう?」という叱り方もありますが、「自分が未熟であることを言外に匂わせて恥をかかせようとしているな」と捉えられる恐れがあります。

だからこそ曖昧な言い方は避け、きちんと具体的に教える必要があるのです。

ちなみに「言わなくてもわかるだろう?」と言う大人側も、実はどうすればいいのか、きちんと説明できないのではないかと自問自答する必要があるかもしれません。

⑽ 叱る目的は何なのかを意識しておく

先に述べたように、子どもを叱る目的はさまざまです。子どもを叱る際には、それが何だったかを忘れないようにしなければなりません。「物の道理を教えるため」だったのに、いつの間にか「その場で言うことを聞かせるため」にすり替わっていないか、奮起させるための叱咤激励だったのに、子どもの元気が失われていないかなどに気を配る必要があります。叱る目的を見失うと、せっかくの叱る効果が失われ、結果的に「労多くして功少なし」となるでしょう。

第3部

やっかいな大人にどう対応するか

第1章 いやな大人と接する時の心構え

子どもの支援をしていると、どうしても子どもの周りにいるいろいろな大人と手を携えることが必要になります。たとえば精神科医である私であれば、対外的にいえば親、教師、スクールカウンセラー、ケースワーカー、福祉施設職員、児童相談所職員などがその相手となりますし、病院内でも看護師、心理職、精神保健福祉士、作業療法士などのスタッフと協力しなければなりません。母親の立場であれば、教師は言うに及ばず、夫、実家から口出ししてくる祖父母、口さがない友人らが手を携える対象となるでしょう。

彼らの中にはこちらの意を汲み、状況を察して、何かと協力してくれる人も少なからずいます。しかし中には、本当は頼りにしたいのに、まさに〝他人事〟で全然協力してくれなかったり、ピント外れな対応ばかりしてきたりする人もいます。また、こちらが大変な状況になっていることなどお構いなしに、無神経な言葉をどんどん投げかけてくる人もいます。こちらは子どもの呈する問題以上に、そんな大人とのやりとりに激しく憤りを覚え、げっそり消耗します。

本来、そういういやな相手とは縁を切りたいのですが、自分だけで子どもの問題に対応するのには限界がありますし、立場上、どうにも縁を切りようがない人もいます。そして、そういう相手でもやはり少しでも味方に引き入れて、子どもの対応に一緒にあたってもらえたほうが、事態はうまくいきます。

そこで本章では、そういったいやな大人と少しは手を携えやすくなる心構えについてお伝えします。母親であれば協力してくれない夫や教師の対応として、また教師であれば苦手な親や浮世離れした精神科医との対応場面を空想しながらお読みください。

1 「何もしてもらえなくて当たり前」から始める

どこかで私たちは、こちらが正しいことを言っているのだから、相手がその意見を受け入れて進んで協力してくれて当たり前と考えがちです。しかし実は「正しいこと」は世の中にはたくさんあって、社会はこちらと同じ価値観をもっている人ばかりで構成されているわけではありません。だからこそ、協力してほしい立場の相手であっても、協力してくれないという事態はたびたび発生します。

そんな時に、相手を「おかしい」と責めたてて追いつめても、相手は頑なになるか、自己保身に汲々とするだけです。決して前向きな反応は引き出せません。そして、こちらはその反応に余計イライラさせられる結果に終わります。

そもそも「相手が何かしてくれて当たり前」ということを出発点に考えるから腹が立つのです。子どもの問題に自分ほどの危機感は抱いていない相手からは、「何もしてもらえなくて当たり前」とまずは考えることです。そうすれば、何かしてもらえた時はすべて臨時ボーナスになります。

だからこそ、相手に何かをしてほしい時は、「やれよ、コラァ！」「やるのが当然でしょ！」ではなく、「お手数ですが、ちょっとお手伝いいただけないでしょうか」という謙虚な態度が求められるのです。

ちなみに、これは「言っても無駄」と言いたいのではありません。何もしてもらえないのが基本だけど、そんな中で言葉や技を尽くして、少しでも臨時ボーナスを手に入れるよう頑張ってみようということなのです。

2 「相手を変える」より「この相手と何をするか」

相手との価値観が異なる場合に、相手の価値観そのものを変えてやろうなどという途方もないチャレンジは行わないことです。相手の技量や能力、そして熱意もそう簡単には変わりません。なにしろ数十年にも及ぶ年月の中で培われたものなのです。ちょっとやそっとではビクともしません。

だからこそ重視すべきは、そういった異なった価値観をもつ相手であっても、共有できるポイントが何かないかを探すことです。相手を変えるのではなく、変わらないその相手と何ができるかを考えましょう。

ちなみに「相手と仲良くする」ことを目標にしてしまうと、暗礁に乗り上げます。仲が悪いままでも目的を共有できれば一緒にチームは組めます。プロ野球チームやアイドルグループと同じです。

さらにいうと、子どもの支援にあたって価値観が違う人がいることはマイナスばかりではありません。実は、価値観が違うからこそ、さまざまな視点が得られて、そこから子どもの支援に多様性が生まれることもあるのです。

3　相手が受け入れるには「時間がかかって当たり前」

こちらが提案した意見を「本当はそのほうがいいのかもしれないな」と仮に相手が思ったとしても、そう簡単に相手の行動は変化しません。「でも、〇〇ということもあるんじゃないか」などとこちらの意見を受け入れないための理由ばかりが相手の心中には次々と思い浮かびます。

その背景にあるものは、自分のやり方が否定されたり、言い負かされたりした悔しさ、知らないことに対する不安感や警戒感、「面倒くさいなあ」といった嫌悪感です。

相手がそれらの想いを乗り越えて、やっぱりこちらの言う通りにしようと覚悟を決めるのは時間がかかるものです。

特にこちらが医師や教師といった専門家だと、理論的に考えれば正しいはずのこちらの意見に、相手がすぐに従わないのはけしからんという気持ちになりがちです。「わかっていてもできない」という気持ちには配慮しなければなりません。

また、親が学校や行政機関などと対峙する際に、その組織の動きが遅いことにイライラさせられることは少なくないでしょう。しかし、このような公的な組織は、目の前にいる人が個人で決断して意思決定してはいけない仕組みになっています。組織内で会議を行ったり、上司や監督機関の決裁を待ったりしないといけないのです。そのためには多少の時間はかかるものと知っておきましょう。

4 「理屈」より「情」に訴える

さらに相手に何かをしてもらいたい時は、理屈を滔々と並び立てるのではなく、「ぜひともお願いしたい」と切々と情に訴えるほうがうまくいくでしょう。相手が不誠実だと感じても、責めるような口調になったら、相手の態度を硬化させるだけです。また、相手をバカじゃなかろうかと感じた場合でも、それを表情に出したり、えらそうな態度をとったりしてはいけません。何せ相手は大人です。大人は子ども以上に、そのような扱いを受けることには我慢ならないのですから。

たとえばわが子がクラスでいじめられたことを教師に伝える際に、教師の目の前にボイスレコーダーを置いて、学校の責任を詰問するようなやり方は賢くありません。そうすれば、学校はいじめられた子どものサポートよりも、学校の法的責任を回避し、学校組織を防衛することを第一目標として行動するでしょう。さらにその後、そのいじめはなくなったとしても「学校の立場を危うくしかねない子ども」として、腫れ物に触るような扱いを受け続ける可能性すらあります。

また、今の学校は親が「いじめ」という言葉を使うだけで、マスコミから総攻撃を受け、日本中に報道されて、校長や担任は人生が一変するという近年のさまざまな事案のことが脳裏に宿り、身構えるのではなかろうかと思います。だからこそ、親は「いじめ」という用語を使わずに「うちの子が今、○○のことですごく苦しんでいるみたいなんです。ぜひ先生のお力をお借りできないかと思いまして……。本当にお忙しい中すみません。先生のこと、うちの子がとても頼りにしているものですから……」などと、多少のおだても織り交ぜつつ、情に訴えたほうがうまくいくように思います。

5　変化しない時は「言葉が足りなかった」と考える

相手がこちらの言うことに対し反応しようとしない際には、つい「てめぇ、ナメてんのか」と腹が立つものです。そうなると、最初は冷静だったこちらの態度もどんどん硬化し、ついには「そちらを訴えます」などと、当初は望んでもいなかった抜き差しならぬ結末を迎えるかもしれません。

たしかに相手が「ナメてる」こともあるのかもしれませんが、そう考えるとあとは敵意の応酬をするしかなくなります。それは無益な争いです。

だからこそ、実際はさておき、こちらの構えとしては「言葉が足りなかったかな？」と考えて、丁寧にこちらの考えを伝え続けたほうがいいのです。そのような姿勢から生まれるこちらの友好的な構えが相手の心理的な抵抗を緩め、結局はこちらの目的を達成できる確率が高まります。

付け加えるならば、大人とはいえ相手によってはこちらの言うことを実際に理解できていないということも十分にありえます。

「ひどいんですよ、先生！　本当に腹が立つ！」

ある教師が私に言いました。

「どうしました？」

「ある生徒のお母さんなんですけど、どうも料理が苦手らしくて、子どもには三食とも冷凍ピザをレンジでチンして食べさせていたみたいなんです」

「それで？」

「やはりそれは問題と思って、言ったんです。ピザばっかり食べさせたらダメですよって」

「そしたら？」

「神妙に『わかりました』って言ってたんですけど、しばらくして子どもに聞いたら、『三食はピザで一食がカップ麺に変わった』って……」

実はかなり理解力に難のあったその母親は、教師に言われた通り、素直に「ピザばっかり」の状態を反省し、本人なりに工夫していたのでした。果たして「三食ピザ」が栄養学的に問題なのかどうかはイタリア人ではない私にはよくわかりません。ただ、もう少し手をかけた「日本のおふくろの手料理」を期待していた教師の意図はまったく伝わっていなかったのです。

さすがにこれは極端な例ですが、言葉が足りないためにうまくいかないことは少なくありません。やはり言葉は正確に、不足なく伝えましょう。

6 依頼は具体的に

子どもへの対応において、他の大人に何か頼みごとをする際には、できるだけ具体的に伝えるように心がけなければいけません。特に言われたことしかしようとしないやる気のない相手の場合、曖昧な依頼をしても「はい、わかりました」と言われて終了。実際には何もしてもらえないでしょう。

子どものことを伝える際にも「この子はこういう子どもです」と言うだけでは不十分です。

やはり「だから○○という対応をお願いします」と〝手立て〟まで伝える必要があります。

以前、あるカウンセラーから「これは幼少期のね、抱っこが足りなかったんですね」と解説されたという母親に会ったことがあります。その母親は、思春期真っ只中で太って九〇kg近い体重になった息子を抱っこしなければならないのかと真剣に悩んでいました。

さらにある母親は、講演会の後に講師に質問に行ったら「あなたの子どもが学校に行けなくなった背景には、現代の日本における学歴偏重で詰め込み型の学校のあり方そのものが影響しています」と言われたそうです。「現代日本の学校のあり方が悪い」と言われても親には何もできません。それでは困るのです。

さらに「これはやめてください」という依頼よりも、「こうしてもらえると、もっと嬉しいです」という依頼の仕方のほうが、より具体的で実行しやすいでしょう。

ちなみに依頼する場合に限らず、困っている相手を支える時には、抽象的なアプローチよりも具体的な情報提供のほうが有効なことは少なくありません。たとえば不登校の高校生を抱える親には、どう子どもに接するかというある意味で曖昧な情報よりも、今後の編入先になるかもしれない通信制高校のそれぞれの特色やカリキュラム、学費、卒業しやすさなどの情報を提供したほうが有用なことが多いように思います。

7　実行不能な正論は言わない

相手に対して何かを伝える際に、それが実行不能な正論になっていないかは、常に気をつけなければなりません。

以前出会った母親は、不登校になった長男の担任教師から「今、息子さんは親と過ごす時間が大切なんです。仕事も忙しいでしょうが、もっとこの子と接してあげてください」と言われました。その担任が熱心にわが子に接してくれていることは重々承知しています。たしかに接する時間が必要なのもわかってはいるのです。だからこそ一切反論せず、暗い顔をしてその場を後にした母親は、その後担任からの電話に出ることができなくなりました。申し訳なく、後ろめたい気持ちでいっぱいになってしまったからです。実はその母親はまだ幼い弟と妹を含め、三人の子どもを働きながら一人で育てていました。朝から仕事をして、子どもに夕食をとらせた後は、さらにもう一つパートに行かなければなりません。別れた夫は一切養育費を入れてくれません。その状況をよく知らなかった教師からの言葉は、「仕事を辞めて、一家で生活保護を受給しなさい」と言っているのと同義だったのです。

私の臨床場面には、長年にわたるたび重なる問題行動に疲れ果てた親がしばしば現れます。

そして「もう私にはこの子の対応は無理です」と悲壮な顔で言います。そんな時にかける言葉は「よく今まで頑張ってきましたね。ここからは、みんなで○○君を育てていきましょう」です。決して「親なんだから、子どもの面倒は最後までみるべきです」などとは言いません。そして、学童や保育園の活用、状況によっては子どもの入院や施設入所等を関係機関とともに検討します。

さらに、学校が子どもの対応に手を焼いている時には「この子のためですし、教育のプロなんですからしっかりやってください」などとは言いません。教師にしても、受け持ちの子どもに朝晩問わず時間を割ける人もいれば、実は自分の家庭の問題に時間を取られて、就業時間が終わったら大急ぎで自宅に戻らないといけない人もいます。持病があって無理がきかない教師だっているでしょうし、その能力も熱意もさまざまです。

さらに熱心な教師であっても、こちらが対応を依頼した子どもが在籍するクラスには、その子どもよりも手がかかる生徒が何人もいて、その子にまでは手が回らないことだってあるかもしれません。

だからこそ、私が子どもの対応を学校に依頼する時は、ひとしきり対応してほしい内容を伝えた後に、「できればこのようにしてほしいのですが、現実的にどこまで可能ですか?」という一言を添えるようにしています。そして実行可能な落としどころを探るのです。

8　連絡の仕方には気を配る

ある教師によると、問題のある子どものことで親に電話をする際は、とても気を遣うそうです。

「上手に伝えられるだろうか」「親はどんな反応をするだろうか」「こちらの対応が悪いと逆に責められないだろうか」「家事や仕事の邪魔にならないだろうか」などの思いが渦巻き、結局電話し損ねることもあるそうです。

しかし電話しなければ、結局宿題は積み残したままとなり、翌日は今日よりももっと電話しにくくなります。だからこそ、連絡するかどうか悩んだ際はさっさと連絡してしまったほうがいいのです。

ちなみに、もし電話することをためらった理由があったならば、電話をためらった理由や気持ちまで全部口にしてしまうという方法があります。具体的には「電話したほうがいいか悩んだんですけど」「誤解なく伝えられるか、ちょっと自信がなくて」「お母さんに悲しい思いをさせてしまうんじゃないかと思って」などと前置きするのです。そうすることで、たいていは相手への配慮が伝わり、腹を割って話せる感じが生まれます。

もう一つ、親の立場でいうと、教師からの電話はやはり身構えるものです。何かわが子がしでかしたのだろうかと緊張します。さらにあまりに数多く問題を起こす子どもの場合、いやな話ばかり聞かされるのがつらいからと学校からの電話に出なくなる親も現れます。だからこそ、問題をよく起こす子どもの親に対しては、問題が発生した時だけでなく、問題が発生していない穏やかな時に「今日は大変落ち着いて過ごしていました。喜びを共有したくて、つい電話してしまいました」という〝いいことを共有するためだけの電話〟を時折交えておくといいように思います。

さらに社会常識ともいえますが、電話は相手の生活状況に合わせて行わなければなりません。家事や仕事で時間がない時間帯に電話しても、相手は落ち着いて聞くことができないからです。緊急時は仕方ありませんが、たびたび連絡する相手にはいつであれば落ち着いて話ができるか確認しておく必要がありますし、メールなどを活用したほうがいいことも少なくないでしょう。

9　動かない相手には「事情がある」と考え、批判に労力を費やさない

子どもの問題が深刻でなんとか協力してほしいのに、相手がちっとも協力してくれないことがあります。もちろん、まずはここまで述べてきたように、言葉を尽くして情に訴えかけてい

く作業を重ねるべきなのですが、それでも一切反応がない場合、こちらもだんだん腹が立ってきます。「訴えるぞ」とか「上司を出せ」とか騒ぎ立てたくなるかもしれません。

しかし、子どもの問題が待ったなしで切迫している場合、その動かない相手の交渉や批判に時間を割く余裕などありません。さらにその相手へのやり場のない怒りが高まって、目の前の子どもに八つ当たりしてしまえば、事態はさらにこじれかねません。

だからこそ、相手があまりに頼りにならない場合は、その相手との交渉や批判にあてる労力を、他の協力相手を探したり、子どもと向かい合ったりする時間に当てたほうがいいのです。

そもそも事情を把握できているはずなのに動かない相手には、たいてい何らかの事情があります。たとえば、行政職員や教師などであれば「問題に対処する能力や専門性が乏しい」「多忙すぎる」「担当職員が異動してきたばかり」「職員の精神状態が不健康」といったあたりが多いでしょうか。また、目の前の職員は協力しようとしているのに、実は現場のことがよくわかっていない上司の許可が下りずに動けないという場合もあるでしょう。

反対に、教師から、親の協力が得られないと相談を受けることも多いのですが、子どもの対応に協力しない親にもいろいろな事情があります。「体調不良」「能力的な低さ」「貧しさ」「仕事負担の大きさ」「夫婦仲の悪さ」「老親の介護」「乳幼児の育児」などの現実的な問題を抱えている人もたくさんいます。また、一見安定した生活を送っているように見える親であっても、その生い立ちの中で虐げられたり、つらい体験を数多く重ねたりしてきたために、周囲の人と協力することが苦手な人もいます。

ある母親はどうしても学校に協力することができませんでした。子どもが今通っている学校に不満があるからではありません。実はその母親は、中学生の頃にひどいいじめを受けていたのです。しかし当時の担任は見て見ぬふりで、逆に「いじめられるのはお前に問題がある」と決めつけ、いじめを容認しました。おかげで彼女の中学校生活は地獄であり、教師は自分をその地獄に突き落としたまさに敵だったのです。自分が親になったからといって、学校への憎しみは今なお消えていません。教師に協力などできるはずもないのです。

親と連携する際に、教師や精神科医が気をつけなければならないことなのですが、専門家はつい目の前の子どもの問題の解決こそが最優先だと考えがちです。しかし考えてみれば、親には親の人生があります。そんな親にとって、子育ては生活の一部に過ぎないのです。

以前、ある母子家庭の子どもが不登校となり、その対応に頭を抱えた教師から「あそこのお母さんは非協力的で、子どもがこんな状態なのに、最近彼氏ができたみたいで、休みになるとデートしているみたいなんですよ」と不満げな様子で聞かされたことがありました。

でもよく考えれば、ずっと母一人子一人でやってきて、最近やっと大切な男性ができたわけです。母親にしてみれば、久しぶりに心躍る時間をもてたのです。そりゃ休みになるとおめかししてデートもしたいでしょう。もしかしたら相手の男性は子どもの相談にも乗ってくれているかもしれません。

この母親にとって不登校の子どもの対応も、その男性との交際も同じように大切なことです。しかし周囲は「子どもが大変な時に恋なんてして」という目で見ていました。それがその母親と学校の関係がこじれた背景にあったのです。

ちなみに、まったく価値観を共有できず、いやでたまらないのに、差し当たり関係を切れない相手とは「上っ面で関わる」と決めるのも手です。いわばクラブのホステスさんにでもなった気分で、たとえるならば「機嫌さえ取ればお金を落としてくれる客として上手にあしらう」と決めるのです。

以前、ある女性教師が言いました。

「あそこは大変な子どもなのに親の協力が得られないんです。こんなんじゃ学校は何もできませんよね、本当に腹が立ちます」

私は「まあ大変ですよね、せっかく先生が頑張ってるのに」と言った後に、こう続けました。

「この子どもは以前からお父さんはいませんでしたけど、今回、『お母さんも死んだ』って考えましょう。死んだと思えば腹も立ちません。そして孤児になったこの子どもに学校としてできる範囲のことをしましょう」

その教師は大笑いして、言いました。

「その手は使えますね。そうだ！　うちの校長とわが家の夫も死んだことにします……」

……合掌。

第2章　クレーマーへの対応

長年、思春期精神医療や児童福祉に携わっていると、ザ・クレーマー、また、まさにモンスターペアレンツとでもいうべき、激しい攻撃性を向けてくる親に出会うことがあります。通常はその親の怒りの背後にある不安を汲み取り、丁寧に説明を重ねていく中で次第に落ち着いてくるものですが、落ち着きを得るまでの話し合いは困難を極めます。

また、教師からも「子どもの対応よりも、最近はクレームを繰り返す親の対応に苦慮しています」という声をたびたび耳にします。

そこでここからは、そのような相手とやりとりをする際に、どう態勢を作り、どうその場で振る舞うか、述べようと思います。

参考までにいいますと、この方法は職場での顧客からの苦情対応にも応用できます。また、ここからは攻撃してくる大人の対応について述べていきますが、実は激しく文句をぶつけてくる思春期の子どもの対応においてもそのまま使えます。

1　やりとりを始める前の準備

まず、やりとりを成功に導くために、事前に行っておくべきことについて述べます。

(1) 話ができる時間を設定する

このような相手は、ある日突然窓口に現れたり、電話をしたりしてきては、一方的に不満を話し始めます。こちらはあまり状況も把握できていない中で、その飛び込んできた相手に付き合わされる羽目になります。その話はとめどなく口から溢れ、いつ終わるとも知れません。対応している側は、その状況に戸惑いつつも、次第にもともと行う予定だった別の用件のことが気になり始めます。

「もう会議は始まってるのに」
「あの子、待ってるだろうなあ」

そうなると、もう落ち着いて目の前の話を聞いていられません。うわの空になったり、早く切り上げたくてイライラし、話の途中で口を挟みたくなります。そうなると、自分の話を軽視されたと感じた相手はますます怒り出すのです。

そうならないために必要なのは、こちらの抱えている事情を早い段階で伝え、いつなら改めて時間をとって対応できるかを示すことです。

「申し訳ございません。現在、先約がございまして、ゆっくりお話しできません。後日お時間をとらせていただきますので、ご都合をお教えください」

文字にしてみるとたいして難しくなさそうですが、その場になると別の事情があることをつい言いあぐねてしまいがちなので注意しましょう。同様に、電話の場合も早めに事情を説明していったん切ったうえで、後からかけ直すといいでしょう。

さらに後日約束をする場合には、日時を決めるだけでなく、「どのくらいお話をする時間をとったらよろしいでしょうか」と尋ねます。話す総時間をあらかじめ決めることによって、相手が際限なく話し続け、長期戦に陥ることを防止できるでしょう。

(2) 言動を詳細に、時間軸に沿って記載する

このような紛争ケースの場合、相手の言動とこちらが伝えたことを、できるだけ詳細に記録

します。相手の発言内容はこちらの主観は極力交えずに、言った通りに時間軸に沿って記載するのを基本とします。もちろん実際には相手の言うことすべてを記載することなどできませんが、ポイントはきちんと押さえなければいけません。

そのためにも、その場には記録だけを担当する者を同席させるといいでしょう。「漏れがないように録音させてください」と依頼することもありますが、それは相手からみると「こちらが物を言いにくいようにしやがったな」と不愉快に感じさせる行為でもありますので、あまりお勧めしません。

ちなみに、記録した内容が正しいかどうか、相手が疑念をもつ場合があります。そのような相手に対しては「今日の話し合いの内容はこれでよろしいですね」と最後にその内容を読み上げることで相手の疑念を軽減することができます。

(3) 窓口は一つ、情報は共有

このような相手と対応する際には、対応する担当者がその都度変わらないように心がけます。それは相手から「Aさんは○○と言った」「Bさんは××と言った」と撹乱される事態を避けるためでもありますし、何度も話し合ううちに関係性が次第に構築されることを期待するためでもあります。

窓口はこのように一つにしたほうがいいのですが、得られた情報は決して一人で抱え込んではいけません。話し合いが終わった後は関係スタッフや上司と速やかに情報共有し、次の作戦を練らなければならないのです。

また情報の共有だけでなく、相手に対して感じた怒りや不満についてもそこで話しましょう。要するに愚痴を聞いてもらうことで、心の中の重荷を降ろし、自らにエネルギーをチャージするのです。

(4) 反社会的行為には法的な対応を検討する

攻撃的な相手の中には、暴力的な行為に及ぶ者がいます。腹を立てて殴りかかってきたり、目の前の机を蹴り上げたり、待合室の掲示物をはぎ取って投げ捨てたり……。こちらに何らかの落ち度があると、「腹を立てさせてしまったのはこちらだから」と考えて、黙認してしまう場合があるかもしれません。

しかし、それだと相手の行動はエスカレートするばかりとなります。それではダメなのです。もし殴りかかってきたら、とにかくすぐにその場から逃げ出し、他の者の助けを仰ぐべきです。さらに司法的な対応を即座に決断し、警察への電話も辞さない態度で臨むべきです。

さらに、相手が飲酒後に朦朧状態のまま来院し、文句を言ってくることがあります。この場合は、いくら相手が「話をさせろ」と言っても応じてはいけません。酩酊状態で話しても一切実りのある話はできないからです。ですから、この場合は「お酒の臭いがいたします。酔った状態ではお話しできませんので、後日ご連絡ください」とまずは退去を促します。もしそれでも応じずに乱暴な言動に及んだら、「酒に酔って公衆に迷惑をかける行為の防止等に関する法律」に基づき警察通報します。

また、中には「悪いと思ったら土下座しろ」と言ってくるケースがあります。しかし、常識的に考えても土下座までする必要などありません。「申し訳ありませんが、お断りします」と毅然と断って構いません。それでも相手が強要してきたら、その場合は「強要罪」（刑法二二三条）に該当します。ちなみに、これは無理やり謝罪文を書かせた場合も適用されます。

さらに要求が通らなかったのに腹を立てて、「お引き取りください」と伝えられたにもかかわらず、いつまでもそこに居座り続けた場合は「不退去罪」（刑法一三〇条）の対象です。また、病院の待合室などで「他の患者さんの診察の妨げになるのでおやめください」と伝えても大声を上げ続けていれば「威力業務妨害」（刑法二三四条）に該当します。

他にも自分や親族の生命、身体、自由、名誉、財産に対し害を加えると脅した者は「脅迫罪」（刑法二二二条）、恐喝により金銭等を奪った者は「恐喝罪」（刑法二四九条）、さらにまだ奪っていなくても要求した段階で「恐喝未遂罪」（刑法二五〇条）が成立します。

相手の立場で考えれば、何か腹が立つことがあったから、このような行動に出ているのだとは思います。しかし、どれほど腹が立っても、何をやっても許されるわけではありません。やはり法律で許される範囲内での振る舞いを相手に求めなければならないのです。

2　やりとりをする場面での振る舞い方

ここまでは対応以前の態勢作りについて述べてきましたが、ここからは実際にやりとりをする現場での振る舞い方や留意点について述べていきます。

(1)　まずは「落ち着こう」と意識する

怒り狂う相手を前にすると、こちらはどうしても動揺します。そうはいっても、冷静さを欠いたままではまともな対応はできません。だからこそ最初にすべきはゆっくり呼吸をして、「まずは落ち着こう」と決めることです。

そのような相手を前にした際には、さまざまな感情が自分の心の中には巻き起こります。「自分に対応できるだろうか」「身に覚えはないけれど、何か大きなミスでもしてしまったのだろうか」という不安、「殴られるのではないだろうか」という恐怖、「なんだこいつ、いちいちうるせえな」という怒り、「そのくらい許してくれていいじゃない」という甘えなどが同時に湧き上がるのです。

これらの感情は自然な感情であり、無理に打ち消す必要はありませんが、きちんと自覚しておくように心がけなければなりません。それによって、こちらの感情が勝手に言葉や態度に溢れ出て、事態をこじらせることがないようにするのです。

(2) 相手に座ることを勧める

相手が気色ばんでやってきたら、何はさておき「まずはこちらにどうぞ」と言い、座らせるように心がけます。それは座らせることで相手の筋肉の緊張を少しでもほぐし、椅子に案内するまでのわずかな時間ながら、間を取ることでこちらの態勢を整える時間を得るためですが、もう一ついうと、立ったままだと、相手が暴れ出した時にすぐに手や足が出て、こちらが怪我しやすくなるからです。

なお、恐怖感を強く感じる相手ならば、密室ではなく、複数のスタッフが近くにいる状況で話すように心がけます。部屋は緊張感が高まらないように、できれば少し広い部屋を選びます。さらに出入口が一ヵ所しかない部屋であれば「奥にどうぞ」といかにも上座に案内するかのように伝え、相手を奥に座らせます。それは相手がすごんできたり、暴力を振るってきたりした際にすぐに逃げられるようにするためです。

このような工夫をすることによって生まれるわずかな安心感を活かして、その後の対応を少しでも冷静なものにしていくのです。

(3) 丁寧で大きすぎない声で、語尾まではっきりと

相手の大声に身がすくむこともあります。声が震えることもあるでしょう。しかし、こちらがオドオドした様子を見せれば見せるほど、相手からの攻撃は激しさを増します。こちらの怯えにつけ込まれ、「はっきり言えよ」と怒鳴られる羽目になるのです。

そうかといって、こちらが大声を上げたら、相手の怒りに油を注ぎ、さらにトラブルが大きくなるだけです。

だから、こちらは大きすぎず小さすぎず、ちょうどいい大きさの声で、そして丁寧な口調で話すように心がけなければなりません。

さらに、話す際には語尾までしっかりと話さなければなりません。日本語がイエスなのかノーなのかを構文の最後に示す性質をもっていることもあるのですが、何よりも語尾をしっかり語ることであやふやな感じがなくなることが理由です。

まったくの余談ですが、以前私が横浜カメリアホスピタルで院長をしていた時の経験からい

うと、苦情処理の際の長崎弁は悪くありませんでした。方言のもつニュアンスとリズムが、標準語に慣れた相手を拍子抜けさせるようなのです。おそらく、おネエ言葉だと毒を吐いてもそんなにキツく聞こえないというのと同じなのだろうと思います。

(4) 怒りを自覚させたうえで、なぜ怒っているか説明を促す

興奮している相手と話をする際には、早めに「大変怒っておられるようですね」と言いましょう。場合によっては「殴られそうな気がして怖いんですが」と付け足してもいいでしょう。そう伝えると興奮している人ほど、「怒ってない！」と怒鳴るのですが、その後からの物言いは少し大人しくなります。それは「怒っている」とこちらが言葉にすることで、我を忘れていた相手が改めて怒っていることを自覚して少し冷静になるからです。

その後はしばらく相手の主張を聴く時間です。その際は相手の主張にはいちいち評価や解釈を加えず聴きます。聴き方は第1部で述べた「子どもの相談の乗り方」に準じます。すなわち、まずは訴えをじっと聴き、問題を明確にして整理して、わからないところは尋ねて、向こうの要求したいことを明らかにしていくのです。

(5) こちらの落ち度については率直に謝るが、過剰な要求には応じない

話をしていく中で、明らかにこちらに落ち度があったとわかった際には、「その点は謝ります」と率直に謝ります。それは当然の行為です。

問題は、それに付随して相手が過剰な要求をしてきた場合です。わかりやすい例では「誠意をみせろ」と暗にお金を要求してきたり、到底応じようもないようなVIP待遇を求めてくることがあります。また、すべてのスタッフが一切の落ち度がない〝完璧な対応〟を二四時間三六五日行うように求めてくる場合もあります。

もちろんいい対応を行うよう心がけることはできますが、何にしろ〝完璧〟は約束できません。

学校であれば「二度といじめに遭うことがないようにしてください」と言われたりするのでしょうが、いじめは教師の見ていないところでこっそり行われるのですから、到底不可能かと思います。

ですから、このような無理な要求に対しては「それは現実的には実行困難かと存じます」と率直に答えるべきなのです。そのうえで、どの程度なら対応できるかを説明します。そのラインを決める際は、第三者が見ても納得できる〝常識〟を根拠にします。

もちろん相手はそう簡単に引き下がりません。ですから何度も「申し訳ないと思っている」

ことと「できないことはできない」ことをバランスよく伝え続ける必要があります。
ちなみに、相手が同じ要求をしつこく繰り返す際は、こちらも同じ発言を同じ口調や同じ表情で繰り返し、議論を複雑化しないように心がけます。

このようなやりとりをしていく中で、ありがちなこととして、病院ならば「院長を呼べ」、学校ならば「校長を呼べ」と相手が言い出す場合があるかもしれません。これも本来、過剰な要求といえるでしょう。ですからこの要求についても、その場で応じてはいけません。急に呼び出された上司は事情も把握できないまま、相手のペースに巻き込まれ、余計に事態がややこしくなります。

ですからその時には「本日は私が対応を一任されております。もし上司との面談をご希望でしたら、その旨を上司に報告し、後日面談を設定するかどうかご連絡いたします」と言うのが最良です。そして後日、実際に上司が面談するかどうかを検討すればいいのです。

(6) よくわからないことはわかったふりをしない

自分の権限の範囲で応じていいかどうか判断できない要求に対しては、「私ではこの場ですぐに判断できませんので、持ち帰って検討します」と伝えるべきです。相手の勢いに押されて、できるかどうかわからない約束はしないように心がけましょう。うかつな約束をしてしまうと、次回はその約束を盾に相手はさらに攻め込んできます。もし相手が「ここで今すぐ約束しろ」と迫ってきたならば、「きちんと検討しないと約束できません。もしこの場で約束して、その約束が実行できないとわかれば、約束が破られたということで、そちらはもっと不愉快になるかと思います。ですから本日のところはご勘弁ください」と伝えればいいかと思います。

ちなみに、もしうかつに「できない約束」を経験不足な部下がすでに結んでしまっていたり、自分で結んだ約束が見込み違いで実行困難と判明した場合は「以前、お約束したのですが、再度検討した結果、○○の理由で実行困難だと判明しました。大変申し訳ございません」と率直に謝れば、挽回可能なことも少なくないことは知っておきましょう。

さらに相手が「それは△△だったじゃないか、覚えてないのか」とこちらが十分に把握できていないことを持ち出してきた場合、うかつに「△△でした」と認めないことです。向こうの記憶違いということだってありえますし、本当はそんな事実はないのに、こちらの言質を取ろうとしているのかもしれないからです。

ですから、そんな時は「その点はどうだったか、あまり覚えていませんので後で確認しておきます。申し訳ありません」と伝えます。「なんていい加減なんだ」と向こうは息巻くかもしれませんが、そもそもすべてのことを覚えている人などいないのです。そんなことぐらい本当は相手だってわかっています。

同様に、よく答えがわからないことを聞かれた場合も、「その点はよくわかりません」と率直に答えましょう。責められたくないからとわかったふりをすれば、後々こじれます。

さらに「あのスタッフは○○なことをした」などと他のスタッフへの批判を持ち出されることもあります。そんな場合、「あのスタッフはそんなところがありまして」とすぐに同調したり、逆に「そんなことはありません」などと確認もしないまま、否定したりしないことです。未確認な情報に対しては、肯定も否定もせず、聴くにとどめるべきなのです。

(7) 挑戦的な言動は無視して、挑発し返さない

彼らはあらゆる方法でこちらを挑発してきます。直接「はあ、お前、ナメてるんだろう、やるか」とすごんでくるのはわかりやすいパターン。他にも「どうせおできになる先生にはバカな私どもの気持ちはわからないんですよ」とか「先生なんかには言っても無駄だろうけど」「最低な医者だな」「こっちの目を見ろよ」「何を笑っててんだ」など、挙げれば切りがありません。

恥を忍んで告白すると、私も若かりし頃には腹が立って、大声で圧倒し返せば、相手も黙るのではないかと夢想して怒鳴り返したこともありましたが、いずれも事態をさらにこじらせただけに終わりました。やはり相手の挑発に乗ってもろくなことはないのです。

今の私は、向こうが挑発してきた際には、意図的にその発言に対してコメントすることを避けるか、どうにも避けようがない時も反応は困った表情を浮かべる程度にとどめます。要するに無視するのです。そして、こちらの発言は本来の話し合いの筋道から外れないように心がけます。

医療機関や学校が最もギョッとする挑発に「訴訟するぞ」があるかもしれません。そのような際にも正解は「無視」です。場合によっては「それはそちらの権利ですので、私どもがどうこう言える立場ではありません」と言うこともあります。

訴訟は、守秘義務があるためにマスコミに対して正当な自己主張すらできない医療機関の立場があるために、一方的に患者側の言い分ばかりが報道されやすく、それによる風評被害が起こりうるという点において、医療機関にとってたしかにやっかいなことです。それは学校や行政機関も同様でしょう。

しかし裁判自体は公正な第三者によって、客観的な判断がなされます。こちらが重大な事故を引き起こした際にはそれに見合った損害を賠償する必要が当然ありますが、対応が気に入らなかったといった程度で賠償を命じられることはまずありません。さらに理不尽で過剰な要求が認められることなどないのです。そして、そのことは相手が裁判の際に相談する弁護士だって知っています。

ですから「訴訟するぞ」を過剰に恐れることなどないのです。

(8) 相手の意見を変えようとまでは考えない

「それは○○じゃないですか」
「いえ、私どもは××だと考えております」
「違いますよ、○○ですよ」
「いえ、××です」

このように相手と主張が食い違い、話がまったくの平行線のまま膠着することがあります。いくら言っても意見を曲げようとしない相手の考えをなんとか変えようとこちらは躍起になりますし、相手は相手でこちらのことをなんてわからず屋なんだと考えています。お互いに言い分があるのです。ですから一方的に自己主張だけを繰り返しても、水掛け論になるのです。

このように相手と意見が異なる場合は、意気込んで相手の意見を変えてみせようなどとは考えないことです。せめて自分の意見を伝えられれば、相手が受け入れなくてもそれでよしと考えるのです。そして「その点はお互いの主張が噛み合わない部分ですね。ただ、そちらのお考えは承知しました」などと伝え、相違点はいったん棚上げし、別の話題に移るのも手だと思います。

相手と自分とがそもそも共通の価値観をもっているわけではありません。頑張ればこちらの意見をすべて納得して受け入れてもらえるなどという幻想は捨てましょう。

おわりに

現代日本において精神科に求められる役割は多岐にわたります。本来の仕事は精神疾患や神経発達症の診断・治療のはずです。しかし、実際には学校に行けず、社会が怖くなった子ども、虐待を受けて、他人や自分を信じることのできなくなった子ども、自信をなくして死ぬしかないと思いつめた子どもなどが次々私のもとを訪れます。

そして、中には違法行為を繰り返していたり、危険な思想を口にしていたりする子どもも、途方に暮れた親に連れてこられます。このような本来は司法が取り扱うべきことまで、精神科に背負わせようとする風潮が強まっていますが、精神科病院は代用監獄ではありません。ただの医療機関です。

また、世の中にあるすべての精神的な問題に対応できるわけでもありません。

問題のある考え方に囚われている子どもの思想を一朝一夕で強引に矯正することなどはできないのです。精神保健福祉法において精神科医が行っていい行為も制限されています。

しかし教育・福祉・行政機関は逃げ場がない中で、このような子どもの問題に向き合っています。そして何よりも親は二四時間三六五日体制で問題に直面しています。

だからこそ私は、手に余るこれらの問題を「精神医療の守備範囲ではない」と断ることから考えるのではなく、精神科ができることはたかが知れていることをしっかり認識し、できないことはできないと言いながらも、これらの問題と向き合うために、関係機関と連携しつつ、少しでもできることはないか、模索するべきだと考えています。

しかし、医学の範疇を超えたそのような問題の対応方法は医学書にはあまり書いてありません。特に子どもの現場でのやりとりに関しては、自ら考えたり、高名な先達や身近な先輩に教えてもらったりしたことを参考にして試行錯誤を重ねるしかないのです。さらにいうと、相談に現れた親や教師から、逆に学ばせてもらうことも少なからずあります。

本書はエビデンス（科学的根拠）によるものではありません。私が日常臨床において感じてきたことや、同じ職場や研究会などで直接、先輩方に教えていただいたことを自ら実践してみて有用だと感じたことをまとめています。

ちなみに、本書を読んでくださった方は、私がさぞかし上手に子どもや周囲の大人に向かい合っていると想像されると思います。しかし、実際には残念ながらそんなにうまくはいかないのです。今もなお、こちらの予測をさらに超えた子どもの行動や、やっかいな大人を前にして、困惑したり、頭でわかっているように振る舞えない未熟さにうんざりしたりすることも少なくありません。

しかし考えてみると、それは日頃彼らに翻弄されている親や教師、福祉施設職員などにとっても同じことだと思います。

悩める者である私の経験が、同様の悩みを抱えているであろう皆さまの役に立つことを願ってやみません。そして私がしてきたように、さらに皆さまの経験をつけ加えて、自分なりのやり方を構築してください。

本書が、子どもたちが悩み深き思春期を乗り越える一助になれば幸いです。

最後になりましたが、本書の執筆にあたり、終始熱心にご担当いただいた日本評論社の植松由記さんには深く感謝いたします。

主な引用・参考文献（順不同）

（1）宮田雄吾「大人が信用できない」松本俊彦編『中高生のためのメンタル系サバイバルガイド（こころの科学 Special Issue）』一六一―一六五頁、日本評論社、二〇一二年
（2）宮田雄吾「あなたは思春期？」『ながさき子育て情報誌たがため』一号、九頁、NPO法人フリースクール クレイン・ハーバー、二〇一五年
（3）宮田雄吾「頼りたい？　頼りたくない？」『ながさき子育て情報誌たがため』二号、一〇頁、NPO法人フリースクール クレイン・ハーバー、二〇一六年
（4）宮田雄吾「子どもを叱る」『こころの科学』一四二号、二一―二四頁、二〇〇八年
（5）宮田雄吾『子どもの心の処方箋』新潮社、二〇〇九年
（6）安部計彦「子どもの叱り方」北九州市児童虐待事例検討委員会編『ストップ・ザ・虐待Ⅳ』二七一―二七三頁、二〇〇〇年
（7）安部計彦「パニック時の対応法」北九州市児童虐待事例検討委員会編『ストップ・ザ・虐待Ⅳ』二七六―二七八頁、二〇〇〇年
（8）高橋祥友「第七章　予防と治療」『新訂増補　自殺の危険』一四六―一八二頁、金剛出版、二〇〇六年

（9）小倉清『子どものこころ―その成り立ちをたどる』慶應義塾大学出版会、一九九六年
（10）クリスティン・デンテマロ、レイチェル・クランツ（ニキ・リンコ訳）『キレないための上手な「怒り方」―怒りたいのに怒れない、怒ると人を傷つけてしまうあなたに』花風社、二〇〇〇年
（11）エリク・H・エリクソン（小此木啓吾訳編）『自我同一性―アイデンティティとライフ・サイクル』誠信書房、一九七三年
（12）アルバート・バンデューラ（本明寛、野口京子監訳）『激動社会の中の自己効力』金子書房、一九九七年
（13）社会福祉法人子どもの虐待防止センター編『平成一〇年度社会福祉・医療事業団子育て支援基金助成事業　首都圏一般人口における児童虐待の調査報告書』一九九九年

●著者略歴

宮田雄吾（みやた・ゆうご）

1968年、長崎市生まれ。精神科医。４児の父親。

長崎大学医学部卒業後、児童心理治療施設（情緒障害児短期治療施設）「大村椿の森学園」園長や「横浜カメリアホスピタル」院長などを歴任。現在、医療法人カメリア大村共立病院副院長と大村椿の森学園主任医師を兼務し、主に児童思春期の子どもたちの治療にあたっている。長崎ウエスレヤン大学非常勤講師。

主な著書に『14歳からの精神医学』（日本評論社）、『こころの病気がわかる絵本』『子育てがつらくなったら読む本』（情報センター出版局）、『「生存者」と呼ばれる子どもたち』（角川書店）、『子どもの心の処方箋』（新潮社）、『うちの子に限って⁉』（学習研究社）などがある。


やっかいな子《こ》どもや大人《おとな》との接《せっ》し方《かた》マニュアル

2016年10月15日　第１版第１刷発行

著　者——宮田雄吾
発行者——串崎　浩
発行所——株式会社日本評論社
〒170-8474 東京都豊島区南大塚3-12-4
電話 03-3987-8621（販売） -8598（編集） 振替 00100-3-16
印刷所——港北出版印刷株式会社
製本所——井上製本所
装　幀——図工ファイブ
検印省略

ISBN978-4-535-98444-8　Printed in Japan